似合う服だけ着ていたい

幸せを呼ぶ「名刺服」の見つけ方

パーソナルスタイリスト
霜鳥まき子

文藝春秋

はじめに

「あなたらしい装い」は、意志を伝え自分らしく生きる最強の手段

私が人生をかけて取り組んでいる仕事、それは「パーソナルスタイリスト」。個々の生き方や嗜好、ものの見方、考え方のスタイルを洋服で構築・可視化する仕事です。

その人のスタイルを象徴する服を、私は「名刺服」と呼んでいます。たとえば私自身の現時点での名刺服は「唯一無二な形の服&大ぶりのピアス&金髪一つ結び」。最初のテレビ出演時、自分らしく、記憶に残るために考えたスタイルだったのですが、反響が大きく「どこにいても霜鳥さんとわかる」と言っていただくスタイルとなりました。

私の例からもおわかりかと思いますが、外見は意志を外に表現する最強の手段なのです。私がこの仕事を始めるきっかけになったのは、JALの国際線CA時代に受けた人生最大のカルチャーショック体験でした。

長崎で生まれ育った私。実は、ユニークさを楽しむ個性的な母の影響か、学生時代、皆が選ぶ多数派を選べず、私の感覚がおかしいのかと悩んだ時期がありました。そこにもっ

てきて団塊ジュニア世代の私が学生だった当時の日本は「渋カジ」ブーム最盛期。定番の柄や、配色、お揃いということが一つのトレンドで、より違和感を覚え、悩みました。

そんな私にとって、仕事で行った海外で見かける人々の、個性的で違いを認め合う自由な装い方は痺れるほど眩しかった！ 個性を出しつつもTPOを理解し、その場その場を楽しみ、そして何より「生きやすそう」なことに衝撃を受けました。いろんな価値観があってもいい、自分もこうであってもいいんだと海外で思え、パッと目の前が晴れました。私が「スタイル」の原石を持った瞬間です。

この喜びを多くの方に体感してほしくて、既にそれを仕事にしていた師匠に弟子入り。その後独立して現在に至ります。17年間で3万人弱の方のスタイリングをさせていただきました。カウンセリングからショッピング同行、ご自宅のクローゼットチェックに美容院同行、メイクレッスンまで全国を飛び回る日々です。ご依頼くださる方は、予算も立場も、住んでいる地域も価値観も様々。下は10歳から、最高齢は88歳と年齢も幅広いですが、装いで自己表現したいと思う方々はみなパワフルで素直。選んだ服でご自身の願いを叶えていかれるのが、傍で見ていて本当に痛快で、この仕事、やめられません。

日本人や外国人の個人向けスタイリングの他にも、法人のブランディング、冠婚葬祭のプロデュースや専門学校の講師、学校制服や自分のブランドのデザインも行っています。つまり服やスタイル作りに関する「何でも屋」。でもその根底には「服育」（服の着方・選び方・装い方を育む）を一人でも多くの方に伝えるという使命感があります。何故なら、今このいざこざの多い世界で、周りに温かい目を向けるには、自分が幸せでいることしかないように思えるからです。「自分らしく装って幸せに生きる」のは利己的なことでなく、周りに目が行き、愛を注ぐ余裕が生まれ、ときには自分が感情を出し必要に応じて助けてもらうことだと私は思っています。「装う」とは、互いに支え合い補い合って生きていく社会の中で、本来必要なことなのです。そこに本質的な「似合う」（「好き」を似合わせる力）は必須なので、老若男女問わず、そのテクニックをお伝えしています。

長野の佐久長聖《さくちょうせい》中学・高等学校と、サミットアカデミーの制服デザインをお引き受けしたのも「服育」の意味からでしたが、佐久長聖の制服を運用して5年後、嬉しいオファーが。在校生のグループから「制服のジェンダー・バリアフリー化を強めていきたい」と直接連絡があったのです。「装い」はナマモノで、自分の気持ちや環境の変化で大きく変わるし、変えられることを学生たち自身が理解し行動してくれたことに感激しました。まだ殆どの学校で「服育」は授業科目にありません。それができるまでは、お客様からも「霜鳥さん、私より先に死なないでね」と言われていることもあり、ライフワークとして活動を続けたいと思っています。

そしてこの本では、読者の皆さんが自己演出を楽しみ、幸せに笑顔で生きてくださるよう、沢山のことをお伝えしていければと思っています。

目次

第2章　春夏秋冬、おしゃれな大人の年間スケジュール

第3章　クローゼットを見れば人生がわかる

イラストレーション　坂田優子
ブックデザイン　野中深雪
DTP　エヴリ・シンク

第1章
「似合う」を見つける テクニック教えます

年齢や置かれている状況の変化によって
「似合う」は変わってくるものです。
クローゼットの中を似合う服だけにして
ヘアスタイルやメイク、
アクセサリーや小物にもこだわれば
「似合う」がもたらす幸せな効果で、
人間関係や運命も変わってくるはずです。

technic 1

今の自分に似合う服を知るための「定点観測」

パーソナルカラー診断や骨格診断。最近よく聞く言葉ですよね。私が代表を務める六本木のサロンにも、日々沢山の方が診断に来られます。特に多いのは20代ですが、2021年のJC・JK流行語大賞に「パーソナルカラー」や「骨格診断」がランクインしたことを見るに、この流行はもっと下の世代にも広がっているように感じます。パーソナルスタイリストを始めた当初は、こんな時代がくるなんて想像もしていませんでした。

来店される方の問い合わせ内容の多くが「似合う服やヘアの色を知りたい」「メイクアイテムやアクセサリー選びで迷いたくない」というもの。そういった目的の方にとっては、これらの診断は助けになる部分も大きいと思います。ただ、われわれ**パーソナルスタイリストがスタイリングをする際には、「キャラクター」「顔立ち」「声のトーン」「ヘアス**

タイル」「バックグラウンド」「進む歩幅や方向性」など、**様々な要素を考慮に加えます。それがあってはじめて、その人らしいスタイルになるのです。**またコロナ禍で見つめ直しの時間ができ、ヴィンテージやサステナブルなど、付加価値で大事な一着を選ぶ価値観も、その人のスタイルの一部に加わったように思います。

そして実は、**同じ人でも、年齢や職位、置かれている状況の変化によって、似合うものは変わっていきます。**年齢の変化に限れば、若いときに比べて肌や髪のツヤが少なくなる分、本当はどんどん華やかな色や、アクセサリーを身に着けるのが効果的です。昇進など立場の変化によって、顔立ちのインパクトが明らかに強くなる方もいらっしゃいます。そういうときは華やかな色が自然に似合ってきますが、さらにその時期を越えると、むしろ余裕を感じさせる落ち着いた色柄やサイズ感を選んだほうがよく見えたりもします。

できれば、**好きな服＝着たい服＝似合う服で幸せに生きていただきたいので、皆さんにも、一度「今の自分」を俯瞰で見てみることをおすすめします。**全身鏡で頭から足の先までのスタイリングをチェックしてほしいのですが、ここでもう一工夫。鏡だと、どうしても主観で見てしまうので、できれば**鏡の中の自分の全身写真を撮影してみてください。**

私のお客様の中に、3カ月の間、毎日お出かけ前に全身写真を撮り続けた方がいらっしゃいました。3カ月分の写真を並べてみたら、一目瞭然！　後半になるに従って、サイズ感や上下のボリュームや自分に合う地味派手のバランス、靴とバッグの合わせ方などが、どんどんうまくなっているのです。

電車や通りすがりで見かけた人の装いに、「こうしたらいいのに」と密かに思ったことは、皆さんあるのではないでしょうか。自分のことだって、こうしてワンクッション置いて「定点観測」すれば見えてきます。自分を客観的に見ることができて、ダメ出しができれば、変だな、と思った組み合わせは二度とすることはありません。見る目が成長していき、「似合う」の実現に近づいていくと思います。

似合う服を着ると、ただスタイルがよく見えたり、肌ツヤがよく見えたりするだけではありません。人の視線を感じて自信がつき、姿勢や表情までよくなって、人にも優しくなれちゃったり……。そうすると、人間関係や運命まで変わってきそうだとは思いませんか？　似合う服がもたらす効果はこれほど絶大なのです。

technic 2

同じ服がおしゃれに⁉ 「ヌケ感」「こなれ感」の正体

熟《こな》れるとは。テレビや雑誌のコーディネート特集でよく見かける「こなれ感」って、具体的にどんな状態を意味するのか知っていますか？　スタイリングした後にお客様から「しっくりきすぎて前からずっとこの服を持っていたみたい」という言葉が漏れることがあるのですが、**服を体に「ただ乗せた」だけではこなれ感は出ません。**毎日着ている洋服ですが、「ただ服を着た」から「自分らしく洗練度の高いコーディネート（着付け）」にするためにはどんな技が必要なのでしょう。

先日、ダブルのジャケットを試着された女性が「なんか着られている感じが……」と首を傾げながら試着室から出てきました。しめしめ。ここでスタイリストの出番。**肩部分を少し落として、両前身頃の隙間幅を広げて着せ直し、手首を見せるように少し袖をまくり**

ました。すると、お客様の顔がみるみる笑顔に！

「おー！　似合った！　全く別物ですね」

このように、着ているうちに、まるで自分の体の癖に合わせたように馴染んできたり、動作の中でそうなったように見える、力の抜けた着方を指して「ヌケ感がある」と呼ぶのです。

他にも、パンツを無造作にロールアップして足首を見せたり、シャツワンピースとパンツの組み合わせの際に大胆にシャツのボタンを外して着たりしても「軽やかなヌケ感」が出ます。女性のエレガントなコーディネートに、あえてごつめの時計を合わせたり、男性ならジャケパンスタイルにスニーカーを合わせて「カッチリを着崩す」のもそうで、いずれもリラックスした着こなしに見えます。

そしてこの**「ヌケ感」に、オシャレアイテムを足したり、雑誌から出てきたような着方をしてみると、「こなれ感」が生まれてきます。**たとえばシャツをたすき掛けのように肩から斜めにかけて袖を縛ってシンプルなマキシワンピースの上に合わせるコーディネートもありましたね。ただ、あくまで**「自然に、恥ずかしがらず、自分に落とし込んで着こなす」が肝。大丈夫。気恥ずかしいのは初日だけです。**

ヌケ感だけだと、やり方によってはだらしなく見えてしまうこともあるので、大人の女性にとっては「こなれ感」を演出するアイテムがより重要になってきます。たとえば、スカーフやブローチ、ジュエリー、ヴィンテージのブランドバッグや時計、靴……つまりどんなものと合わせても力を発揮する名小物達。これこそが「大人の女性はいい小物を持ちなさい」と声高に叫ばれている理由なんです。

「あえてこなれ感を出したコーディネートをしています」に見せられる小物達がいないと「あえて」でなく、ただ「着崩れてしまった人」になってしまいます。最良のバランスを作るために、私達スタイリストは、試着室を出たお客様の体をすぐさま触り、着方を微調整したり、小物を合わせたりして、皆さんが雑誌でよく見る着方にするわけです。

以前『洋服で得する人損する人の服の着方』という服の着方だけにフォーカスした本を出したことがあるのですが、そのくらい「装うときのこなれ感」は大事なものだと、私は思っています。鏡の前で、自分の体や雰囲気に合う「ヌケ感」コーデを練習し、「こなれ感」アイテムを足してみましょう。それが板につくと、これまで「洋服って何が楽しいんだろう?」と思っていた人も、きっと目の前のアイテムが違って見えてきますよ。

さあ、人生が変わる「ヌケ」「こなれ」スキルを手に入れましょう!

technic 3

ネットショッピングを成功させる秘訣とは？

時間を選ばず買うことができる。商品は自宅に届く。豊富なサイズや色柄から自由に選べる……ネットショッピングには様々なメリットがあります。コロナ禍が広がった2020年には、ネットショッピング利用世帯の割合が初めて5割を超えたとのこと。店頭で買い物ができるようになった今も、あまりの楽さにほとんどの買い物をネット経由でしている方も多いのではないでしょうか？

とはいえ、ネットで服を買うようになった方が「失敗や妥協続きでやっぱりプロに選んでほしい」と弊社を訪れることも多いのが現実。では、ネットショッピングを利用する際に、何に気をつけたらいいのでしょうか？

それはとっても簡単。**お店でできる「見る・触れる・試着する・お直し」をしっかり行**

えばいいのです。

「見る」……商品画像を拡大してみて、生地や縫製が思ったものと少しでも違う場合や、加工写真の場合はやめましょう。ただ総柄や形が珍しく動きのある服については、そちらに目がいくので、理想の品質から少し離れても十分楽しめることも。

「触れる」……お手持ちのアイテムや店頭で、好きな生地感のタグをチェックし、同じような組成表示（ウール□%、カシミヤ□%など）の服を探して購入してみましょう。でも自分の洗濯やアイロンの習慣を忘れて購入すると、ケアができず着なくなったりするので気をつけて。

「試着する」……まずはメジャーを持つこと！　これまで自分のサイズを大きく見積もる方々にどれだけお会いしたことか。是非お手持ちで、買いたい形に近く、自分にぴったり合っていると思える服を測ってみてください。忘れがちなのは「幅の寸法」。ちょうどいい着丈の服を選んだと思っても、幅で生地が取られてしまって丈が短くなったりします。自分の体の気になる箇所については「この程度幅がないと困るな」ということも見極めて選びましょう。伸縮性がない素材はややゆったりめ、ある素材はタイトめを選んだほうが理想のサイズ感に近づきます。

また商品到着後、**必要なら「お直し」をしましょう。**妥協をしたものは結局、自信を持って着られません。クローゼットで何度も触るけれど、当日の着用候補からは漏れていき、最終的にはたんすの肥やしに……。「もう少し丈が短かったらいいのに」「ウエストが緩すぎる」など、お直しできそうな部分についてはショップに持ち込んで相談してみましょう。

実店舗にかかるコストがカットされている分、よいものをよりリーズナブルに買えるのがネットショッピングのいいところ。さらに「店頭に買いたいものがない」と嘆く人にこそ、ネットでの買い物に挑戦してほしいのです。

場所の制約から「売れるもの」が店頭に並ぶ実店舗と異なり、ネットショップは品揃えの幅広さが強み。**豊富なラインナップから、他人から見たらクセありでも自分はときめく、痒いところに手が届くようなお宝アイテムにたどり着くことができます。**

私がデザインしているショップチャンネルのブランドでも、珍しい色から完売していきます。「本当はこういうテイストも着たかった」「昔から憧れていた」という冒険アイテムをゆっくり探し、価格抑えめで購入！ は、自分らしいクローゼットへの第一歩かもしれません。

technic 4

リモートワークで需要アップ！サブバッグは何を持つ？

レジ袋の有料化やリモートワークによる荷物の増加、さらに小さい肩掛けバッグがトレンドになったこともあって、サブバッグのニーズが高まってきました。

私はと言えば、バッグに入っているのはお財布・鍵・携帯電話・メジャー・名刺入れ・除菌ハンドクリーム・エコバッグという、荷物最小限タイプの人間だったのですが、講師業でパソコンを持ち歩くようになったためサブバッグをよく使うようになりました。「サブ」と名前がつくのでごまかされそうになりますが、メインのバッグと一緒に持つ、立派な「バッグ」。「岩入ってます？」と思ってしまうような重さのサブバッグを持っているお客様を見るにつけ、せめてチョイスを適当にせず、気に入ったもので少しでもテンションを上げていただければな〜と思います。ただ、**バッグについては意外と個人個人に明確な理想があり、選ぶ際にスペックを間違えると使わなくなるものの上位に入るので、しっかり選びたいところです**（同じことは「コート」に関しても言えます）。マニアックなサブバッグの理想があるなら、メジャーアイテムが揃うデパートで探すよりも、細かく条件を設定し、ネット検索のうえ購入するのがベストかもしれません。

では、自分にはどんなバッグがいいのかまだ悩んでいる方はどうすればよいでしょうか？　まず、小さいバッグをメイン使いしているきれいめの装いの方は、重ねて持っても違和感のない、同系の色・素材のビニールコーティングのバッグを持つのはいかがでしょう（冠婚葬祭でも使えるかも）。カジュアルな装いの方は、メインバッグは斜め掛けにして、肩掛けできるあずま袋風のサブバッグを持つのもいいですね。サブバッグを肩に掛けて、メインのバッグ部分がサブバッグより下の位置にくるように持つとバランスが取れます。同系色が合わせやすいですが、大胆な柄でも素敵です。ただ、大人ですから急にアニメ柄などにせず、服のテイストには合わせてくださいね。

大きいバッグがメインの方は、二つ合わせて肩に掛けると見た目のバランスがいいです。たとえばメインバッグが横長の形だとしたら、縦に長いものを分けて入れられるようなサブバッグだと、機能的で一本の肩紐より重さが分散できますね。

こんなのも使えるかな、と色々買いこんでしまい、クローゼットにサブバッグが増殖中……なんて方もいますが、きれいめとカジュアル、装いにあわせて2つくらい持っていれば十分です。

因みにマイサブバッグはウォッシャブルレザー（黒）のあずま袋タイプと、ロイヤルブルーのビニールコーティングのもの、スーパーでのお買い物用に好きなブランドのエコバッグを持っています。私は服の色柄が派手なので、バッグは無地。デザイン性で勝負です。**あずま袋は明確なマチはないものの、お弁当なども斜めにならずに入れられます。予想以上に沢山入ります**し、黒なので、オンオフ問わず使えるのもいいところ。ロイヤルブルーのものはビニールコーティングされているので雨の日も重宝、そして、差し色になるので、全体的にワントーンでパンチをきかせたいときに。いつもどこかに入れているエコバッグは、好きなブランドのデザインなので、急に使うことになっても自分のテイストに合っていて違和感は出ません。

是非「私らしいサブバッグ」でお出かけしましょう！

technic
5

「捨て時」を見極めて愛用品だけのクローゼットに

約７００着と21着。私がこれまでのクローゼットチェックで見た最多と最少の洋服の数です。仕事の関係でドレスコードが多岐にわたる方と、少なく持ち、着回すと決めた方。理由やポリシーがあり、きちんと収納できた上で本人の目が行き届いていれば、どちらの服の数もその人にとって妥当だと私は思います。ただ、服を少なくお持ちだった方は、着回すために無難服ばかりが手元に残ってしまっており、気分が上がらないと弊社にいらっしゃったので、気分が上がり、なおかつ着回せる21着に挿《す》げ替えました。

私個人の意見としては、年間で着回せて、急なお出かけにも慌てない洗練された満足度の高い服が中心のクローゼットであれば、特別な服や部屋着を除き、**通常は年間50着程度で十分**だと思います。**多くの方が「買い足したら代わりに何かを処分」をしておらず、**

「高かった・まだ着られるのでもったいない・もらいものので処分しにくい」などの理由で服を増やし続けます。そうすると、いざ着ようと思ったときにクローゼットでシワくちゃになっていたり、買ったことすら忘れていたり。結果、いつも着ている服だけが目に入り「着るものがない」「代わり映えしない」「去年は何を着ていたんだろう……」と嘆くことになるのです。自分でコントロールできる量を持ち愛用していく、というのが大人の嗜みですし、環境にも優しいですよね。

「よし整理しよう！」と思ったあなた！　今すぐやりましょう！　できれば、適正量を知るために、一度クローゼットから服を全部出して、捨て時の服を見極めましょう。

捨て時第1位は「傷んでいるもの」。有料でお直しやリメイク、クリーニングをしても使いたい、と思うもの以外は「お疲れ様」の気持ちで手放す。しかしその中でも、自分にとてもよく似合っていたと思うアイテムがあれば、それは、代わりになる服を見つけてから処分でもいいと思います。

捨て時第2位は「懐かしいもの」。今着ると若作りに見えたり、過去に流行《はや》っていたものがこれにあたります。丈・柄・ウエストの位置・素材感などをチェックしてみてください。服だけを見て判断するのは難しいですが、着てみたらほとんどの方が「あ、これは処分だな」とわかります。面倒でも袖を通してみてください。懐かしいアイテムは、若い方が着るからヴィンテージ感があり素敵なのであって、そのままの世代がそのまま着てしまうと、懐かしくなるだけ。フリマアプリなどで、誰かもっと似合う人に渡しましょう。ただ、今どきのものと組み合わせられれば懐かしくならないので、着こなし方の参考として、雑誌などにも目を通してみてください。裾の処理やバランスなど、着方がバージョンアップされるはずです。

捨て時第3位は「今の自分を助けてくれないもの」。若いときはシックな感じで似合っていたアイテムでも、今着るとただ地味に見えてしまうことがあります。メイクやアクセサリーで盛ることができないならば手放す。着ないけれど処分の踏ん切りがつかない場合は、写真などデータで思い出として残しましょう。そして**30代以降は見た目の変化も緩やかなので、ご自分の決めた軸に合うものだけに囲まれて生きるのがベストです。**

傷んだものだけよりよいものに買い替える、というようにしていけば、むやみに捨てたり無駄買いをすることもなくなり、環境にもお財布にも優しい、変化に対応できるクローゼットになること間違いなしです。

technic 6

大人の女性にも似合うプチプラアクセサリーの選び方

CA時代、私の耳元にあったのは、ミキモトの一粒パール。フライトデビューして間もなく銀座本店にドキドキしながら買いに行き、着けた瞬間仕事モードに入ることができたピアスでした。ただ、それと同時にその頃からずっと大好きで愛用しているのが、コスチュームジュエリーやプチプラアクセサリーです。スーツケースに入れる私服はシンプルで色々なシチュエーションで着られる機能的なものが多かったので、それに変化をつけてくれるアイテムとして、またオンオフの切り替えアイテムとして必ずジュエリーケースに入れて持ち歩いていました。

ココ・シャネルが「何カラットの宝石を身に着けるかが問題なのではなく、大切なのは洋服にいかにマッチしたジュエリーを着けるかということ」と言ったあたりから装飾品の意味合いは変わり、価格にかかわらず、自己表現やトータルコーディネートを完成させるアイテムとなりました。顔周りにそれがあるだけで**「ちょっとそこまで（誰にも見つかりませんように）服」が「さりげなくオシャレしてますが何か？　服」にコロッと変わる**のは、実はとても楽で有難いんですよね。

またアクセサリーやジュエリーは、簡単におしゃれ上級者だと思わせることができるアイテムでもあります。何故かって、選択肢が広がったことで選ぶのが難しいと感じている人が多く、自分らしいものが選べていれば単純に「素敵！　羨ましい！」と思われる可能性が高いから。また、毎年の装いのトレンドに合ったアクセサリーを着ければ、同じ服を今年らしく変えることもできます。見る目を養ってシチュエーションに合わせて使い分けられたら、きっと、毎日が単調な装いではなくなるはずです。

ところで、**大人の女性のプチプラアイテムの必須条件はなんだと思いますか？　それは「高見え」と「本物の類似品に見えないこと」。**たとえばイミテーションのパールを着けるなら、「このデザインをあえて選んだ」と見える個性的なアイテムにし、シンプルな形は避けましょう。

そして、選ぶ際には以下の2点をチェックしてみてください。

その1、**金具。値段感が出やすい部分**です。繋ぎ目等の金属が比較的少ないコスチュームジュエリーが高見えしやすいのもその理由からです。もし金具やチェーン部分のみが安っぽく感じる場合は、アクセサリーのパーツショップなどで換えてしまってもいいですね。

その2は、**素材や柄。**ガラスや透明アクリルのようなものは着けた人の肌にすっと馴染むのでGOOD。マーブル模様やべっこう柄など、それ自体のデザイン性やユニーク度が高いものも素材の質がわかりにくいのでおすすめです。逆にスウェードやレザー、ビーズ等は素材で大きく見え方が変わるので、セレクトの際、慎重さが必要です。

また、**身に着けるときに注意してほしいのは、全部の小物をプチプラにするのでなく、アクセサリーがプチプラなら、靴やバッグは高級感のあるものを選ぶこと。**

「あ、服の選び方と似ている」と思った方！　その通りです。じゃあ「それをどこで買おう？」と思ったら是非、エスニックアイテムやハンドメイドのPOP UPショップ、美術館のショップを覗いてみてください。エスニックの洋服は苦手という方もいらっしゃいますが、小物は様々なテイストがあり充実しています。チェックポイントをよく吟味しつつ、自分らしいハイ&ロースタイルを楽しんでくださいね。

technic 7

たんすの肥やし化を阻止！ジャストサイズとは何か

「サイズ感」がオシャレの肝、と多くのファッション賢者が言います。しかしそれはどういう状態なら正解なのでしょうか。

今、リモートワーク人口の増加も手伝って、ゆったりした服やウエストがゴムのボトムスが多くなっており、サイズ感について通常より鈍感になっている方が増えています。最近のトレンドキーワードに「オーバーサイズ」「ビッグシルエット」もあがっていて、ますますどんなサイズを選べばいいのかわからなくなっている人も多いのでは。**ゆったりした服が気になる部分の体型カバーになる例もありますが、装いの定番は「ジャストサイズ」。**うまく使い分けるために、どんなものか見ていきましょう。

「オーバーサイズ」と「ビッグシルエット」では、それぞれ指す意味が少し異なります。

あえて全体的に大きいサイズにして、服を自分の縦横のサイズから均等に離す「オーバーサイズ」は、合わせるものをジャストサイズにしないと、本当に大柄に見えてしまいます。

一方、たとえばMサイズの人用なのだけれど、部分的に大きかったり、肩が落ちていたりするものを指すのが「ビッグシルエット」。着丈やウエスト位置、ボタン位置などはMサイズ仕様のままなので、比較的手持ちのどんなアイテムにも合わせやすく、カジュアルスタイルではトレンド感やこなれ感が出る傾向にあります。

ただ、きちんとした服を着るシチュエーションでは、ジャストサイズがマスト。微妙にサイズが大きい（小さい）服は、一番たんすの肥やしになりやすいのです。さらに年齢を重ねてくると、ルーズシルエットがだらしなく見えたり、清潔感が下がって見えたりすることもあります。

では、どういう状態を「ジャストサイズ」と言うのでしょうか？　簡単に言えば、**体のラインを拾いすぎず、どこも生地がつれておらず、且つ無駄に大きくないサイズ感、そしてダーツやタックの場所がご自身の体にバッチリ合っている**ことを言います。具体的には**「肩・胸・背中・ウエスト・ヒップ・腿・ふくらはぎ」**をチェックしてください。

トップスのサイズ感は、肩で決まります。肩周りは二の腕が横に張り出していないか、もしくは肩線が落ちていないか、他にも、バスト部分がぱつぱつになっていないか、ダーツの位置がおかしくないかをチェックしてください。パンツなら、サイドポケットが開いていないか、腿の裏に横にシワが入っていないか、膝下が上がってこないか、などを見て、違和感があるようなら、前後のサイズを試着してみてください。加齢によるお肉の付き方であれば、ミセスフロアで同じサイズを見てもいいかもしれません。

微調整が必要なときは、幅や丈・ウエスト詰めをして、ご自身の体に服を合わせましょう。着る前に時間とお金がかかるので面倒に感じますが、**結果、お直ししたほうが長く着る方が多いのも事実。**実際のジャストサイズに巡り合うと、体に変に当たらないので、ジャケットやきれいめのパンツが苦手だった方も「ジャストサイズって、楽なんですね」と仰います。ジャストサイズ＝ピタピタ、ではないのです。

そして**「正しいジャストサイズ」を着るのに一番大事なのは「下着」選び。**以前、バストトップやヒップの位置が下がっていて、2サイズ大きいものをお召しの方がいましたが、一緒にランジェリーを買いに行き、お肉があるべき場所に戻り、適正サイズに戻られました。服を着る前の土台も、しっかり作りましょう。

technic 8

似合うメガネとサングラスを選ぶために大切なこと

コロナ禍以降、メガネのセレクト需要がかなり増えました。照明の整っていない環境下でのリモートワークで視力を落とされたり、メガネとマスクをしてメイクはしない、という方が増えたからです。日々スタイリングをしていて思うのは、**メガネは人に選んでもらったほうがいい、最たるアイテム**だということです。

それにはいくつか理由があって、(1) 自分以外が選んだほうが顔を客観視できる (2) 視力のよくない本人より、目の前にいる人のほうが全体を見て似合うかどうかを把握できる (3) 新しいフレームにチャレンジができる、など。これを着けたい! と決まっている人以外は見え方の希望を伝えて選んでもらったほうがいいと思います。クールなメタリックシルバーのフレームで「優しく見せたい」と言われたときは、「カウンセリングに来てくれてよかった」と心から思いました。

ここでは、パーソナルスタイリストの私がお客様のメガネを選ぶ際に心がけていることを書いておきますね。それは**「顔のバランスを補完するメガネを選ぶ」**です。まずは、上のフレームは眉の形に沿うこと。眉が完全に見えなくなるのはバランスが悪くなるのでNG、また眉が太い人は上のフレームがないものを選ぶ。つり目・タレ目については、下のフレームのラインを逆（タレ目の方は下のフレームが上がっているもの）にする。丸顔の方は、スクエアレンズを選び、細面の方は縦幅がしっかりあるレンズを選んで、お顔の中を「丸い」「細い」ばかりにしない、ということが大事です。

横幅についても、顔幅より内側に来るとお顔が大きく見えるので、お顔と同じ幅もしくは少し大きいくらいがバランスよく見えます。レンズ幅については、テンプル（つる部分）に数字で書いてありますので、サイズを測る際の参考にしてみてください。また**フレームの位置により、目尻の小ジワが隠れたり、瞼のくぼみが見えにくくなったりと、メガネが助けてくれる場合もあるので、うまく利用しましょう。**色や金具ももちろん大事です。肌に黄みが強い人はゴールド・べっこう系、青み・赤みが強い人はシルバー・黒縁系など、似合うものも変わってくるので、かけ比べてみてください。

サングラスにフォーカスすると、黒のフレームで全く目が見えないほど色の濃い黒レンズのものは、多くの日本人にとっては強すぎて難しいかなという印象です。茶やグレーがかったフレームや、少しだけ目元が透けて見えるようなレンズが似合いやすいと思います。また、日本人は、欧米の方に比べて鼻が低く下に行くに連れて広がっていて、目と目の間の幅も広いので、ブリッジ（鼻の上にかかる部分）が狭く、左右のレンズがあまり離れていないものも寄り目に見えて相性がよくありません。ある程度の広さのものを選んでください。同じブランドでも、輸入したものとアジア仕様に作られたものがあり、鼻あての部分などが微妙に違いますのでその辺りもショップの方に聞きながらセレクトしてみてください。

かくいう私は、お客様のメガネ選びは得意で、自分自身もメガネが似合うほうだと思います。一時期伊達メガネをかけたりしていましたが、今はあまりやっていません。大きいピアスをすることが多い私は、それにメガネが足されると顔周りがうるさくなってしまうからです。**お顔周りの装飾品は2点まで。**どうしてもメガネ・イヤリング・ネックレスと着けたい場合は、ボリュームや色のバランスを考えてコーディネートしてみてください。

technic
9

少しのアップデートで見違えるメンズファッション

今、私のスタイリングを受けていらっしゃるお客様の4割が男性です。創業当時は女性が大半でしたが、世の中の変化とともに、男性の割合が増えてきました。女性は、自分らしい装いや似合うものを求めて弊社にいらっしゃる方が多いですが、男性はビジネスや婚活などで「戦略」として服を活用したい方が多いのが特徴です。

以前、海外での授賞式に出席することになった若いお客様からのスタイリング依頼がありました。英語でのコミュニケーションに懸念があり、「服装だけでも」とのことだったので、黒紋付き羽織袴での登壇を提案。和服は全く念頭になかったようでビックリされていましたが、授賞式を終えてすぐに「沢山の人から一緒に写真を撮ってと声をかけられ、ビジネスに繋がりましたよ！」と興奮気味なメールをいただきました。装いがコミュニケーションの不安を払拭し、自信をくれたよい例かなと思っています。

最近は、私の担当税理士さんもスーツからジャケパン（ジャケット＋パンツ）スタイルになり、ビジネスシーンでスーツがマストの企業も減ってきました。ただメンズ服はカラーや形のバリエーションが少ないので「サイズと素材」のよし悪しがバッチリ出てしまいます（ある大物俳優が「だらしない役」を演じる際、衣装さんにお願いしたのが「2サイズ大きいスーツ」だったそうです）。また体型の変化があると、レディースよりも顕著に着られるものが限られてきます。

でも逆に、**バリエーションが少ないので、服を購入するショップを変えたりするだけで、若々しさや大人の色気が出たりとガラッと印象が変わるのがメンズファッション。**男性は新しいお店に入るのは勇気が要る方が多いですが、よく行く百貨店のメンズフロアをじっくり回り、一番体が綺麗に見えるジャケットやパンツを探してみてください。同じアイテムのはずなのに、着心地がいいままウエストシェイプされていたり、テーパードがきき脚が長く見えたりと、全く違います。

そして**アップデート率が低いのが、「素材と着方」と「ベルトのチョイス」。**細身のパンツは脚がキツそうと敬遠している方にポリウレタン混のパンツをご試着いただくと「え！楽!!」とビックリされることも。また昔流行った懐かしいバックルや傷んだままのベルトを着けている方を見るともったいないと感じてしまいます。

「人の服なんて気にして見たことない」という男性も多いのですが、カジュアルが苦手な方は特に、**春夏に一回・秋冬に一回くらいはメンズファッション誌をさらっと見てみると、襟の形やパンツの形・着丈にそのときそのときの変化を感じると思います。**また、女性は何気なく同僚の服を比較して見ていたりするので、奥様や彼女の「こういうのを着てみたら」という意見を取り入れることで、今をキャッチできるかもしれません。

また、**意外に持ち合わせがない人が多いのが「ポケットチーフ」と「上質なソックス」。**チーフやソックスは、父の日のプレゼントでおねだり、もいいですね。**男性の場合、靴・足元・時計など、小物にその人のライフスタイルや考え方・個性が宿るので、素敵なものを身に着けている方は、私達も自然と目で追ってしまいます。**これを読んでいる貴方やパートナーも、そんな方でありますように。

technic 10

ベストパートナーに巡り合える婚活服

結婚相談所の会員の方からの婚活服スタイリングオファーが増えています。コロナ禍に先行きの不安や寂しさを感じ、独身がいいと思っていた人の中にも「誰かと寄り添って生きたい」と考える方が増えたようです。

「婚活ファッション、何を着ればいいの?」という問いに、私はこう答えます。

「これまでの『あなたの歴史』が感じられる服を!」

私も若いころ沢山参加した合コン。このような場では、膝丈のワンピースで足元はパンプスなど、どなたにでも響く感じのいいファッションが重視されます。それはまだ互いの価値観が固まる前の二人が出会うから。しかし、人生後半戦を共にするパートナーを選ぶときまで、その万人受けスタイルを続けるのは問題アリ。**ある程度年齢を重ねた方の婚活**

では、「これまで私はこう生きてきて、こんな生活を共にできる人と一緒にいたい」というテーマの「プレゼン服」を着てもらいたいのです。

長年違うライフスタイルだった二人が一緒になる。それはもう「プレゼンでWIN-WINの関係を築く」くらいの気持ちでやるのが最善で、そのためには「あなたらしい」と褒めてもらえる装いで最適な相手を見つけるべし！　なのです。

私が婚活スタイリングしたお客様の中に、キャンプや登山など、アウトドアを趣味にされている女性がいらっしゃいました。でもお会いした際の服装からは、それが全く感じられません。そこで私が提案したのは、スポーツブランドを中心に、でもカジュアルになりすぎないきれいめの装いでした。彼女の活動的な一面がスタイリングからもお相手にわかるといいな、と思ったのです。

ほかにもレストラン巡りが趣味なら、そのときに着るようなジャケパンやワンピース、美術館に行くのが好きなら配色の妙を感じさせる服に音のしにくい靴など、一人の時間も満喫できる趣味を感じさせる服だと、これまでのライフスタイルも互いにキープできそうでいいですね。

そして**その自分らしさに、アピール下手な人は「色」と「誠実さ」をプラスしてください。**誠実で明るく傍にいてくれる、そんな人と一緒にいたいですよね。ではこの二つはどうしたら表現できるのか？ まずは**血色を補う明るい色のトップスを着て、これからも元気で一緒に過ごそうね、を表現。そして誠実さを伝えられるのは、清潔感と品のある服です。**お互い初対面のときは、お相手がこの出会いを楽しみにしていたかどうかが気になるもの。「よそ行きの服だとバレると、気合が入っているようで恥ずかしい」と思う方もいるかもしれませんが、意外とお相手は嬉しかったりするんです。**自分らしい＝普段着でいい、わけではなく、ある程度の頓着・洗練は必要です。**そのしるしに「お相手がいかにも普段着な感じで残念な気持ちになった」というご感想は聞きますが「やり過ぎていて……」のようなご意見は少ないのです。

ゆっくり婚活ができる年齢でないとすると「私らしい一張羅」がベストだと思います。普段が透けて見え、後々ギャップを感じない、明るい色の品のある服。これは決して老け見えせず、若作りにも見えません。

お出かけ前に上下左右前後から自分の姿をチェックし、いざ出陣。そして、**お相手に会った際は、思いやりをもって選んでくれたであろう服装を「お似合いです」と褒める（これ大事！）。**こうすれば、笑顔から会話が始まりますし、早く打ち解けることができて、趣味の合うベストパートナーにきっと巡り合えると思います。

technic 11

「無難」は実は難しい⁉ 自分らしい服に近づく方法

「カジュアルスタイル」を作りたいときに真っ先に思い浮かぶのがボーダーとデニム。子供の運動会の時期になると、カジュアルが苦手な方が慌ててその二つを買う様子をよく見かけます。でも皆さん、**自分が本当に素敵に見えるボーダーのトップスとデニムを持っている自信、ありますか？**

「無難」が市民権を得て、プチプラブランドで、そんなに主張がなくてもなんとなく綺麗に見えるものが買えたりする今、「これだ！」という核心に迫れなくてもとりあえず着る服には困らないようになりました。ただそのせいで、十数枚家にあるけれどどれも……みたいなことも多いのがボーダーとデニム。これらは確かに無難なアイテムではありますが、だからこそお相手への見る目は厳しくなっていて、シルエットやサイズ感・質感をどなたでも比較的ジャッジできてしまいます。少し理想と違うだけでも「あれ?」となることが多いのです。

では、素敵! と振り返りたくなるようなボーダー&デニムコーディネートの人は、どのように着ているのでしょう。首の刳《く》り・袖幅・丈・ボーダー幅・ボーダーの配色・素材感が自分と合っているかをきっと厳選していますし、それに合うバランスや色落ちのデニムを合わせているはずです。

実は「無難」なアイテムこそ、自分に合っているかどうかの見極めが重要。そうでないと「無難」の範疇にも残れません。**特にボーダー幅と配色は、何センチなのか、黒×白? ベージュ×白? はたまた白多め×紺? などで、似合う似合わないが大きく変わってきます。**「厳選した上の素敵」に辿りつくにはかなりの労力が必要なのですが、それに気づかず、とりあえずこれでいいかと家にあるボーダー&デニムを着て出かけると、本人もそれに慣れてしまい**「不快感がないだけのコーディネート」が常態化していく**のだと思います。

でも、無難な服だからこそ吟味が必要、となると、形が変わっていたり、素材や質感がユニークだったりするアイテムを足そうかな、そっちのほうが簡単かな、となりませんか？　ましてや皆さん大人です。審美眼を持って自分らしい服を楽しく着ませんか？「無難」から一歩脱け出すために、色々試してみましょう。

いつもは、定番の服のあるお店で無難服を買うのを、個性のあるお店で無難と言われるアイテムを探すのもいい方法。少しだけアレンジが加わっていたり、珍しい生地や配色・大胆な柄行だったりします。また、そこにあるマネキンはいつもとは違う着方をしていて、ヒントになったりします。どうしても無難でないコーディネートを考えるのが億劫、という方は是非、お休みの気分転換にでも、着たいトップスに持っているボトムスを片っ端から合わせてみてください。相方シャッフルです。「あれ？　いけるかも？」という目からウロコの組み合わせが出てきて、どちらも無難アイテムかもしれないのに、新鮮な気持ちで着ることができます。

いや、手持ちが全部無難服で、色も偏っているので、新鮮な組み合わせが楽しめそうにない、ということであれば、セール等を利用して今どき感を出し、無難感を下げる「クッションアイテム」をプラスワン！　してみてください。最近ですと、ジレ（ベスト）などがそうです。むしろ、無難だからこそ、いろんな足し方や組み合わせ方ができるので、自分らしい味付けにトライしてみてください。

technic 12

いざというとき慌てない 喪服と小物の整え方

不意に必要になる服の代表格、喪服。クローゼットにあるけれど形が古くて着られない、着てみたら入らなかったと、私の元にも定期的にお客様が駆け込んできます。中には「これから急にお葬式に出ることになったから、夕方頃会えませんか？」なんて方も。大体ご不幸は急なんだけどな……と思いながらちゃんと助けますが、ある程度の年齢になると着る頻度も増えてきます。着こなしの間違いも若い頃とは違って恥ずかしいので、**余裕を持って「今着られる喪服」と「それにまつわる小物」を準備してください。**

ちなみに私はこれまでに一度の買い替えを経て、今は2着持っています。クラシックな形の一般的なものと、慶事でも着られる、少しデザイン性のあるもので、親族・仕事関連など、シチュエーションに応じていずれかを着ています。

伸縮性のない素材なので、普段の洋服よりややゆったりした、膝が隠れる丈のものを選ぶことだけ気をつけてもらえれば、あとはお好きなデザインを、と思いますが、デザイン性が高すぎると流行り廃りが出ます。お手持ちの喪服の形が古くなってしまった場合は、お直しという方法も。

昔のデザインで肩周りが大きい場合は、袖と肩パッドを外し、肩幅を詰めて袖を付け直します。襟が今の好みと違う場合は、取ってノーカラーにすることもできます。ただ、今は百貨店の催事やセールでいいものを安く購入できる場合も多いので、思い入れや予算によって、直すか購入か選ばれるといいですね。もちろんサイズが小さくなった場合は、買い替え一択。一般的にはスカートがフォーマルと言われますが、喪主や親族側でなければ、また、2着目としてならパンツスタイルもいいと思います。

そして、**喪服に合わせて準備していただきたい小物は、布製バッグとパンプス、数珠《じゅず》、袱紗《ふくさ》、黒か白のハンカチと一連パール。黒のコートや傘も準備しておきたい**ですね。私の場合は、それに加えてウィッグとグローブとメイク落とし。髪やネイル等を即座にシチュエーションに合わせられないときは、これらの小物に頼ります。

全てバッグの中かバッグ付近に置いて、動揺していてもすぐに準備し出かけられるようにしておきましょう。また、着慣れない服なので慌てて着て首元にファンデーションがついてしまったりすることもあるでしょう。その際は、ハンガーについているウレタンで軽く擦ると取れるのでやってみてくださいね。喪服売り場の試着室にも必ず、汚れ落としとして常備されています。

では、新しく購入しようと思った方へ改めてポイントを。これは普段洋服を買うときと一緒なのですが、ブランドにより同じ9号でもサイズ感が大きく違うので、**動きやすさのためにもきちんと試着して選ぶこと。そして、マネキンに着せられている雰囲気を見て、年相応のブランドを選ぶこと。着られるからと言ってタイトシルエットやハイウエストのワンピースは避けてください。また漆黒色で生地・ボタン含め、マットでしっかりした質感のものを選ぶと、よりフォーマルに見えます。**

売り場に行くと、どれも同じ……と感じるかもしれませんが、今かなり進化していて、ご自分の服のテイストを投影させてデザインを選び、フォーマル専門店の豊富なサイズの中から最適なサイズを選ぶ。さらに必要であれば少しお直しをすることで、ご自分に合う喪服を、安心して長く着続けることができるのです。

technic 13

スポーツ&アウトドアのシーンで映える服とは?

先日、しまなみ海道にサイクリングに行ってきました。自然の中でお日様を浴びながら体を動かすのは、本当に気持ちいいものですね。

私の普段のスポーツルーティンは、ジム→シャワー→アルコールの流れ。本末転倒な感じもしますが(笑)、体が重たいなと思うときや、仕事の合間のリフレッシュとしてジムで走って、よく汗を流します。一時期は長距離もやっていて、ホノルルマラソンやツール・ド・おきなわという自転車レースにも参加していました。

運動する際のウェアはもちろん、それに合わせるバッグや小物選びのご相談も多く、最近はよくゴルフ・山歩き・ランニングの装いのセレクトをしています。**私のおすすめは「形から入る」「なりきる」装い。**実際、ベストギアを身に着けて体を動かすと気分が上がりますし、そのスポーツ専用のバッグや小物を準備したほうがウェアとの相性もいいです。また、バッグは機能的にも必要なものがしっかり入るように計算されているので、街歩きのバッグを代用するよりもこなれた感じがしていいと思います。

山歩きやジョギングをしていても、完走記念Tシャツを着ていたり、大会ロゴの入ったナップサックを使ったりしている方を見かけますよね。ノリノリである意味コスプレし、状況にのっかったほうが、楽しんでいるようにも見え、こちらも見ていて楽しくなります。

先日のしまなみ海道でも、やはりサイクリングルックで来ている方々は、自転車や風景に装いが溶け込み、とても素敵に見えました。私もお気に入りのシューズを持参し乗るだけで、テンションが上がりました。

スポーツウェアのレディースブランドとなると、昔は可愛らしいアイテムが多かったのですが、最近はバリエーションも増えています。私みたいな浦島太郎さんもきっと多いと思うのですが、先日、久しぶりにゴルフショップ巡りをしたら、おしゃれと機能性を兼ね備えたウェアの充実ぶりにビックリしてしまいました。ゴルフに必要な機能性（伸縮性・日除け重視のデザイン・涼しい／暖かい素材・寒暖差対応可能なおしゃれなジレ）は、私がいつもお客様に「こんな服が欲しい！」と言われる条件ばかり。そこにデザイン性が足されたゴルフウェアはタウンユースとしても最強です。

渋野日向子選手が当初着用して話題を呼んだ「ビームス ゴルフ」や、「ランバン スポール」はアパレルブランド感が出ていてとりわけ素敵でした。以前はよく女性のお客様に、「旅行に行こうとすると、パートナーがザ・ゴルフウェア（ちょっとおじさんっぽい感じ）で困る」というご相談をいただいていたのですが、今のゴルフブランドなら、全体のシルエットも細身で、パンツの形もストレッチをきかせてスッキリさせているので、そんな雰囲気にはならなそうですね。

また、山歩きやキャンプなど、アウトドアで着るものは、自然のパワーに負けない明るい色が似合います。お店で選ぶと華やかすぎるかな、と思っても、**大自然の中では、目印にもなり映えるので、是非元気な色にトライしてみてください。**ノーメイクも助けてくれます。キャンプブームにより野外で過ごす人が増え、アウトドアの装いが比較的店頭で充実している今、価格バリエーションも種類もぐっと増えています。明るいレインコートを探している方にもおすすめ。あまり変わっていないだろうと思わず、お店に立ち寄ってみてください。なりきりウェアでアスリート気分を味わえますよ。

technic 14

体型のタイプで選ぶ自分に合ったジュエリー

自分に似合うジュエリー選びをしたいなら、一度、自分の首とじっくり向き合ってみましょう。ここで言う首は「首と手首」。

今回私も改めて自分の首の長さを測ってみました。顎先から鎖骨の中央までを垂直に測ります。成人女性の首の長さの平均は約9・5センチなのですが、私は9センチでした。少し短い……。そして同時に手首も断面が丸い傾向にありました。

私と同じタイプの方は、胸周りや手首に厚みがある方が多いので、そこをスッキリ見せるのがポイント。首元が詰まって見えにくいロングネックレスを着けたり、ネックレスは着けずに大ぶりのイヤリングのみにしてみましょう。合わせる服もVネックにしたり、バングルだったらメンズライクなボリュームのあるものを選ぶといいと思います。

また、このタイプの方は比較的肌にハリがある方も多く、その肌に合う、ツヤや輝きがしっかりあるジュエリーが得意です。

一方で、胸周りが薄く、首が長く手首も細い方は、全体的に線の細い印象になります。身長に応じて華奢《きゃしゃ》なチェーンのネックレスやバングルを重ねづけする形で、ボリュームアップするのが大事です。

指も長く細いので指輪を複数着けるのも似合いやすいですし、首元は短いチョーカーなど、首の長さをカットするようなものを試してみてほしいと思います。

首の長さもありながら、鎖骨や肩周り・関節に骨太感を感じる人は、少しユニークで動きのあるようなデザインや素材のものを選ぶと「ゴツゴツ」が「滑らか」に見え、お似合いです。首・肩周り・手首をご友人やご家族と触り合いをして比較してみてください。

三つの体型タイプのうち自分がどのタイプなのかわかったら、それに合ったテイストのブランドを見に行くのが効率的です。**ブランドのイメージで言うと、私と同じタイプの方なら「ブシュロン」、2番目の線の細い雰囲気の方なら可憐な色柄の「ヴァン クリーフ&アーペル」、最後のタイプの方なら「イッセイミヤケ」のコスチュームジュエリーなどでしょうか。**

ただ、苦手なタイプのはずのジュエリーが似合っている方も大勢いて、それは何故かというと服やヘアスタイルとのトータルバランスで補っているから。たとえば、首が短くても髪を結ぶことによってスッキリと見せていれば、そのまま着けるにはやや難しいものを着けても「バランスが取れていて似合っている」となるかもしれませんよね。

また、ジュエリーは、一貫してこういうものが好きというよりは、トレンドの影響や自分の年齢、環境によるファッションテイストの変化で、着けたいものも変わっていきます。

私もこれまでの人生で、何度メンズのゴツい腕時計と華奢な腕時計をウロウロしたか。**服をマニッシュにしたらジュエリーをエレガントに、エレガントな装いなら少し外してメンズライクにすることが、全体のイメージをうまくまとめるコツです。**スイカに塩の発想ですね。

体型に似合うジュエリーを順当に選ぶか、ご自身のファッションのテイストとは逆のジュエリーを着けて楽しむか。後者は少し高度かもしれませんが、是非チャレンジしてみてください。似合い方の比較ができます。ジュエリーは年齢を重ねていく際に、光を足してくれる必需品。早めに自分のものにしていきましょう！

technic 15

あなたはイエベ？ ブルベ？ マスクを使って簡単チェック

今や「イエベ」「ブルベ」という言葉はすっかり一般的になりました。20〜40代の女性では、「聞いたことがある」という方が9割というデータもあります。パーソナルカラー、つまり似合う色を知ることは、多くの人の関心事になっているようです。

パーソナルカラー診断は諸説ありますが、まず肌色が、黄みがかっているか青みや赤みが強いか、瞳の色が茶色っぽいかグレーもしくは黒かで、イエローベースとブルーベースのいずれかに分かれます。さらに前者は明度の高い「スプリング」と低い「オータム」、後者も同じく「ウィンター」と「サマー」に分かれますが、弊社にカラー診断を受けに来る方の多くは「ネットで自己診断してみたけれど、判断が難しい」と答え合わせにいらっしゃいます。

似合う色ばかりにこだわり、装いの幅が狭まるのは困りますが、それでも色の効果はやっぱり強力。**本来の肌や目の輝きが際立ち、シミ、くすみ等の肌トラブルやシワが目立たなくなったり、小顔効果があったりと、似合う色には白いハンカチが持つレフ板効果と同レベルの有り難さがあるので、ここぞというときには是非活用してほしいものです。**逆に似合いにくいものはクマやほうれい線が濃く見えて疲れて見えたり、老けて見えたりしてしまいます。

では実際、自分はどちらなんだろう、と思った方、愛用されているマスクは何色でしょうか？　簡単に似合う色を知るためには、まずカーキ色のマスクと真っ白のマスクをご用意ください。そして、どちらもノーメイクで着けて、写真を撮ってみてください。カラー診断でもこの二色は、似合う似合わないを判別しやすい色で、カーキが似合うならイエローベース、白ならブルーベースの可能性が高いということになります。

アクセサリーは、イエローベースの方はゴールド、ブルーベースならシルバーが似合いやすい傾向にあります。購入時のトレンドを引きずってどちらかを使い続けている方も多いのですが、自分でセレクトしていないいただき物なども含め、ゴールドとシルバーを代わる代わる着けてみて、こちらも自撮りしてみてください。

私自身のカラーシーズンはオータムで、30歳になったタイミングで、シルバーが安っぽく見えるように感じ、ゴールドに全とっかえしました。今はどちらも着けますが、当時は茶髪で、オータム要素満載だったからだと思います。

カラーの判別には「比較」と、俯瞰で見られる「撮影」が肝です。メガネのフレームで判別するのもいいですね。ゴールドやべっこう・茶系などが似合う方と、シルバーグレーや黒が似合う方で分かれます。髪の色についても同様で、グレーヘアがむしろ肌ツヤをよく見せ、白肌が際立つという人はブルーベースの方に多く、私を含めたイエローベースの方がグレーやアッシュ系の髪色にすると、途端に老け見えしてしまったりするので、茶系やゴールドブラウン等の髪色がおすすめです。

また、四季の名前がついている各パーソナルカラーですので、店頭にあるアイテムがなんだかしっくり来るし、ちょっと美人になったような気がする、と感じる季節があれば、それが貴方のパーソナルカラーシーズンかもしれません。

technic 16

やっぱりこの色が好き! 苦手な色でも似合わせる方法

カラー診断をしていると、結果を聞いたときの人の悲喜交々《こもごも》は「そこまで?」と思うほど。「オータムだけにはなりたくなかった」とか「ウィンターしか勝たん」とか……(オータムの私はいつも聞きながら心で泣いています)。

「予想通りだった」と自己診断が当たったことを喜ぶ人もいれば「やっぱりか」と落ち込んでしまう人も。カラー診断の結果、自分の好きな色と似合う色にズレがあることがわかると、この世の終わりみたいな顔をしてお帰りになろうとする方もいて、それを見ると、私はいつも「似合わせ」という方法を伝授するようにしています。

似合いにくいと診断された色でも、どうしても着たいなら、いくつかの方法を使えば「好きで似合う」に近づけられます。**一つは、全身を好きなシーズンの色みに寄せる方**

法。たとえば、パーソナルカラーはオータムだけどサマーの配色で服を着たい、という場合は、髪の色を茶色からアッシュに、アイメイクもブルーグレーベースに。そしてアクセサリーをシルバーにして、トップスボトムスもサマーのベースであるブルーベースの色にしてしまうという方法です。

やや力業に感じるかもしれませんが、実は、スプリングとオータムがイエローベース、サマーとウィンターがブルーベースという括りとは別に、もう一つ、スプリングとウィンターが「ツヤ」のシーズン、サマーとオータムが「マット」のシーズンという共通項もあるので、オータムからサマーへの変化は、素材感をマットにキープしながらやると「似合わせ」を実現できます。

もう一つは、顔と苦手な色の間に何かを噛ませる方法。たとえば、苦手色のニットを着るときには、一緒に得意な色が入っているストールを巻いたり、ベースカラーに合った主張の強いネックレスを着けたり、ジャケットやカーディガンなど大きい面積になるアイテムを得意色にしてそれを合わせたり。見ている人に、似合っているんじゃないかと思わせるやり方です。

そして、肌映えがよい色かどうかは主に上半身の話になるので、ボトムスに関しては、気にせず好きな色をどんどん着てほしいなと思います。

かくいう私も「霜鳥さんのシーズンはウィンターですよね？」と言われるほどブルーベースで服を着ていることが多く、アースカラーや渋い配色のオータムのカラーをあまり着ていませんでした。理由は、お客様がアースカラーを着ていらっしゃることが多いので、差別化をはかるためと「似合わせ」の参考にしていただくためでもありました。

そして私の「似合わせ」に一役買っているのが「金髪」。髪の毛という比較的面積の大きい部分が金色で、且つカラー診断の判断材料である「肌・瞳・髪の色」の中の一つの特徴が薄れることで、本来は苦手なはずの真っ黒や真っ白が似合いやすくなっていて、結果ウィンターの人に間違えられることがあったりするのです。

ただ、朱色や黄みの強いパープルなど、似合う色を着ているときのパワーもよくわかっているので、ドレスやお着物など一枚完結型のアイテムの場合は、似合う色の力を大いに借りています。**普段着では「似合わせ」を楽しみ、あらたまったお席などでは「似合う色のパワー」を存分に使ったコーディネートを楽しむ、というのもいいかもしれませんね。**

technic 17

プチプラブランドも活用。大人の「ハイ&ロー」スタイル

２０１９年に日本から撤退したファストファッションブランド「フォーエバー21」が、「グローバルワーク」や「ニコアンド」を展開するアダストリアグループと提携し、日本に再上陸しました。テレビ収録で会ったプレスの方によると、今回はアダストリア基準でローカライズするとのこと。日本人に再浸透するのか楽しみです。

ただ、昨今はプチプラブランドが乱立しています。洋服の価格破壊が起きたことによって、価格でよし悪しを決めるという判断基準が崩れ、どのように服を選べばいいのかわからなくなる方も増えました。どの程度プチプラアイテムを使っていいのか、迷っている方も多いと思います。

そんな中、ハイ（高価格）&ロー（低価格）ＭＩＸスタイルで思い出すのは、フランソ

ワーズ・モレシャンさん。イベントでお見かけした際「素敵ですね」と声をかけるとニコッとされ、全アイテムのブランドを教えてくださいました。見事に全身にハイ&ローが混在していて、しかもその差が見た目でわからない。ローアイテムは、ジャケットの中の黒のブラウスと黒の変形厚地マキシスカートで、ハイアイテムの一つは、その日の主役であるハット。黒のワントーンコーデでもそれぞれの素材感や色みをあえて微妙にずらしたことで、ハイとローの別がわかりづらくなるという、さすがな着こなしでした。

私が思う、ロー推奨アイテム一つ目は、モレシャンさんも取り入れていた**ブラウス。ただし、シワや縫製が目立ちにくい濃い目の色で、柄があるなら身頃の切れ目できちんと柄行が合っているもの**を選んでください。

二つ目は、**しっかりした生地でボーダーやストライプ、水玉など規則的な柄のトップス。**色々な場所で売られているので価格不詳で取り入れやすいと思います。

三つ目は、**リブニット。**柔らかく編み地が粗いものだと首や手首部分がよれっとしてしまい長く着続けられなかったりするので、**しっかりリブの効いたものを選び、付属のパールやビジューが安っぽいのはやめておきましょう。**

パンツは、スッキリした男性的な肉付きやヒップだとプチプラでも高見えすることもありますが、女性らしい肉付きの場合は、ワイドパンツ以外はパターンがご自分の脚にフィットしていないと美しく見えないので、吟味が必要です。ジャケットも、縫製や生地のツレ・そもそもの素材感（糸が光って見えるような合成繊維感）などで安く見えてしまうこともあるので、注意が必要。また、店頭に並んでいる時点で、他のアイテムの糸がくっついていたりシワシワの場合は、購入後、着る度にそうなるのは一目瞭然。やめておきましょう。

段々わかってきたと思いますが、**心許ない素材感や色が淡いもの・足を引っ張る付属品があるものは高見えしにくい**ということです。「いいものを長く」というスタンスは素晴らしいですが「遊び」を入れたいときはローアイテムがうまく使えるかが肝。抑えた価格のものならトライしやすいですよね。

以前ロケで「しまむら」に行った際についつい買ってしまったものは、フェイクレザーのマキシプリーツスカートとチェックのシャツ、ニットワンピース。トレンド感が高く商品の回転も早いので他の人と被らず楽しめそう。またしっかり選ぶと、意外と長持ちで使いやすく出番も多いです。これらをヒントに是非、ハイ&ローコーデで着こなしの幅を広げてみてくださいね！

technic 18

プロフィール写真の撮影。大事なのは「誰にどう見せたいか」

SNSや会社ホームページ用に「スタイリング・ヘアメイク・写真撮影をセットでお願いします」というオファーが男女問わず増えています。弊社メイクアップアーティストとカメラマンとでタッグを組み最高のプロフィール写真を撮るのですが、まずご相談して考えるのは、ご自分をどう見せたいか、ということ。そして「こういう人」というイメージが固まったら静止画一枚でそれを表現するため、会社や仲間内での立ち位置やバランス、テーマカラーやコーポレートカラー、仕事内容なども合わせて撮影用の服を選びます。

バストアップの写真が多いので、服は首元が綺麗にきまるシャツや、ボウタイなどポイントがあるもの。もしくは服はシンプルにしてアクセサリーで華やかにするかですが、あくまでお顔がメイン。**顔に勝ってしまうようなアイテムは印象がぼやけるので避けます。**

また、秋冬の素材は一年を通しての写真としては相応《ふさわ》しくないので、**ウールやツイードなども避けたほうがいい**と思います。色は、これまでに褒められた色やパーソナルカラーの服を選ぶといいですね。本当にパッとお顔が華やぐのと、何より自信に満ち溢れた顔になるので、撮影もスムーズ。コーポレートカラーなどの関係で色を使えず、白・グレー・ネイビーなどで撮影をする場合は、メイク（特にチーク）で彩りを足してください。

最近は、モデルやタレントさんとして人生の再スタートをされる方も増え、オーディション写真を撮ることも増えました。ヘアメイクアーティストのＡＫＩＲＡさんとYouTubeで撮影企画も行っていますが、そういう場面では、先方は体のシルエットや頭身のバランスを見たいはずなので、体にフィットした洋服で三首（手首・足首・首）を出すのが望ましく、また、ヘアスタイルは顔に影が出るようなものではなく、顔や輪郭をしっかり出したほうがいいです。

いずれにしても**「自分の写真を誰に見てもらうか」を考えることが大事。**仕事の写真なら、どういう相手をターゲットにしたいのか、婚活用写真なら「何歳くらいの、どんなところに住む、どんな仕事をしている人と一緒にいる自分なのか」を想定して写真を準備できるかで、ターゲットに刺さるかそうでないかが大きく変わります。私も、プロフィール写真は、広い層の方に見ていただける写真と、スタイリストとしてエッジを効かせた写真の、2種類を準備しています。

そして、写真を撮る際、大抵の人には利き手ならぬ「利き顔」があります。紙や手のひらでいいので、それで左半分の顔を隠した自分と、右半分の顔を隠した自分をそれぞれ鏡で見たり自撮りしたりして、見比べてみてください。目の開きや強さ、ほうれい線の深さ、口角の高さ、フェイスラインのシャープさ、目から顎までの長さが左右でかなり違うはずです。**よいと思うほうの顔を前に出して撮影するだけでも印象が変わります。また、そちらの顔の側に髪の分け目を作っていただくと、存分によさを出せるので、直近で撮影がないとしても是非一度チェックしてみてください。**

最後に。ナチュラルな写真を撮りたいなら、少し大袈裟に服・メイク・笑顔・姿勢を作って初めて「ナチュラル」になります。いつもの自分のままでは、写真だと思った自分に写らないことが多いので、恥ずかしくてもポージングやメイク・表情を作るイメトレをやってから撮影に臨みましょう。

technic
19

コーディネートに溶け込むスカーフの選び方と巻き方

この仕事で、初めて人前で話す機会を得たのは、スカーフ活用のレクチャーをするトークショーでした。スカーフ売り場は大抵、百貨店の地上階。人通りは多いけれど目の前を素通りする人も多く当初は心が折れそうに……。そこで、「JAL巻き」(現役時代よくやっていた、一回首周りで結んだ長方形スカーフの左右の端の二つの角を持ってもう一度結ぶ)なる一発芸(笑)で立ち止まっていただく技を編み出しましたが、随分心臓が鍛えられた思い出です。

今、スカーフは、バッグや頭に巻く女性や、首にコンパクトに巻く若い男性も増え、幅広い世代に浸透してきています。しかしまだまだおしゃれ上級者のアイテムのようなイメージもありますし、また、私と同世代やそれ以上の方々は、海外旅行のお土産でブランドスカーフを初めて手にした方も多く、コーディネートというより、一点豪華主義のような使い方から抜け出せない傾向も見受けられます。

では、どうすれば素敵になるのか。おすすめの巻き方をいくつかご紹介します。

首が長めの方は、Gジャンなど首の詰まったアウターを着るとき、首部分に小さく巻く。首のシワをカバーしたり、日焼けや襟周りの汚れも防げます。20代からほぼ毎日スカーフを巻いている方に一度お会いしたのですが、首筋が本当に綺麗でした。**首が短めの方は、三角形に折ったスカーフの両端を首の後ろで結ぶ前かけ風の巻き方、いわゆる金太郎巻きが首元も詰まらず素敵です。**シンプルな白のカットソーによく合います。お食事の際も飛び散りからトップスを守れるかもしれませんし、ちょうどVゾーンにスカーフが見えるので、アクセサリー代わりにもなり、オフィスでも華やかなトップスに見えます。

そして**「わざわざ着けました感」が出ないものを選びましょう。**合わせる他のアイテムの色が入っていたり、スカーフがないと寂しいコーディネートだったり、きちんと「コーディネートに組み込まれていて機能的でもある、必要なもの」に見せればいいわけです。

また、**体のボリュームがある方は、大判のスカーフを選ぶこと。**体が大きく見えるような華奢な長さや幅のものを選ぶと、違和感が出てしまい、素敵から離れていってしまいます。もしそういうものを着けたい場合は、大きな柄のものを選ぶとバランスがよくなります。鏡で見たり、可能なら全身写真を撮ってバランスを見て購入しましょう。

次に素材選びについて。スカーフの素材の種類として大きく分けると、シルク系とシフォン系の二つがあり、**発色のいい服が似合う方はシルクを、中間色が似合う方はシフォンを試してみると、持っているものや肌ツヤとの相性がいい傾向にあります。**

お一人で選ぶと家に似たようなものが沢山、という「あるある」にもよく遭遇するので、面積も小さいことですし、お友達や販売員さんを頼って華やかな色柄に是非トライしてみてください。長年お世話になっているスカーフ会社社長の女性は**「スカーフは場数」と言い切り、とにかく試行錯誤がおしゃれへの近道だそうです。**

私が今買うなら、好きな差し色のスカーフと、モノトーンの柄スカーフの2枚です。トップスがどんなものでも比較的対応でき、最小限のラインナップに抑えられます。それに加え夏はグリッター感があり涼し気なもの、冬はベーシックなコートを明るくできるようなスカーフがあれば、きっとそれは、最強の「スカーフラインナップ」の完成です。

technic 20

実は「無難」ではない？ 黒い服を美しく着るコツ

2020年に「全ページ私がモデル」という生き恥を晒して頑張って書いた（笑）、『世直しスタイリスト・霜鳥まき子の　得する黒　損する黒』という書籍。何故「黒」に特化した本を書くに至ったかというと「黒が無難かなと思って」というお客様の言葉を、これまで沢山聞いてきたから。

確かに、色違いで売られるものには必ず黒の選択肢があるし、ショッピング中、悩みに悩んで「黒買っておけばいいかな」になりがちなことも百も承知。でも、私から言わせれば、顔の彫りがそこまで深くない日本人にとっては表情も出にくく、無難というより、意思表示を頑張らないといけない色。そんな黒を美しく着るコツをいくつかあげていきます。

黒を着ると背筋がしゃんとしたり立ち居振る舞いに気をつけようと思ったりしませんか？　それはやはり、フォーマル感や高級感・威圧感が出る色だから。ということは、黒を着るなら、**濃い墨黒《すみぐろ》のドラマチックなデザイン且つ上質で、凛とした迫力が出る、そもそもの特性を生かした主役級のアイテムを選んだほうが圧倒的に美しいのです。**

でも同時に、黒は実は引き立て役もできます。引き立て役と言っても、自分（黒）のパワーを落とさない、両方を引き上げる引き立て役です。原色の赤や黄・グリーンを合わせると、パワフルで華やかなイメージを少しプラスして引き立て、パステルカラーと合わせると、主張のある、洗練されたパステルの着方になり、パステルの色の美しさも際立ちます。ただ、これらの色合わせが似合う人は、目鼻立ちがハッキリしているかヘアメイクが行き届いている人。そうでない場合は、綺麗な色はグレーと合わせたほうが、バランスが取りやすいかもしれません。

また、黒については「若い頃には着ていたが、年齢を重ねてからは着ていない」というコメントが多数寄せられたアンケート結果も出ています。白色にはレフ板効果がありますが、黒にはなく、光を吸収してしまうので、顔がくすむ感じや、シミ・シワが目立つ感じがするのだと思います。これは、デザイン自体、華やかなものを選ぶか、ブローチやスカーフ・チーク等に助けてもらってください。

そして、**黒い服を美しく着るコツは、パーソナルカラーや肌質によっても異なります。**透き通るような白肌で原色がお似合いの方は、黒×シルバーやレザーなど、硬質なアイテムを合わせるといいでしょう。お顔に赤みがあってパステル調の色みがお似合いの方は、ボウタイやレースなどエレガントアイテムで黒を取り入れるのがおすすめです。黄みが深く光沢のある肌質でカラフルな色が似合う方は、水玉などキュートな柄物で黒を取り入れるとよさが出る着こなしになりますし、黄みが深くアースカラーがはまる方は、ツイードやフリンジスウェードなど、風合いのある黒を取り入れるとお似合いです。パーソナルカラーがオータムの私は、黒いフリンジのある、ポンチョ風変形タートルニットを持っているのですが、ビビッドなカラーパンツや大柄のパンツに合わせるのに本当に重宝しています。

また、髪の毛の色も大事なポイント。真っ黒な髪に黒い服は、ど迫力なイメージで格好いいですが、グレー、金髪は全身黒でも似合いやすい傾向にあります。髪の色の印象が薄まるので、黒が強くなりすぎず、軽快に着られるのです。

難しいけれど、一番「モード感」の高い強い色、それが黒。黒を制してファッションを制しましょう！

technic 21

「即戦力」を服で表現。転職活動での勝負服とは？

最近「40歳の転職」のお手伝いが続いています。先日も「チャレンジしたい仕事が見つかったので、勝負服を見立ててください！」とメールがきました。転職活動の装いのご相談でした。「チャレンジ」って言葉、いいですよね。大変なのはわかるのですが、私も勝手にテンションが上がって服で応援しよう！　という気持ちになりました。

就職面接というと、新卒で日本航空を受けたときのことを思い出します。当時はバブルの後でしたが、雑誌の読者モデルをしている学生さんはおしゃれなワンピースで来ていたりして、シンプルなスーツを着ていた私はとても焦った記憶があります。入社後の懇親会では「まだイメージのついていないまっさらな状態の皆さんを採用しました。ＪＡＬカラーに染まってください」と面接担当の方から言われ、「磨けば光る原石的な？　新卒採用ってそういうことか」と妙に納得しました。

一方、**転職活動はそうではなく「即戦力・順応性・安定感」が求められます。**一糸乱れぬパリッとした白シャツやスーツで「新人感」を出すよりも、こなれた感じの柔らかい素材や色のスーツにしてみたり、シャツもブラウスに変えてみましょう。**大事なのは「その場にスッと馴染んで安心して仕事を振ることができ、会社への貢献をも感じさせる優秀な人」を服で表現することです。**

転職するときは、面接があるのはもちろん、入社後にも挨拶回りをすることも多いので、普段の仕事でもジャケット単品で使えるようなセットアップを準備しましょう。また、ラフな服装でよかった職種からカチッとしなければいけない職種への転職の場合は、面接で着る以外の服も前もって選んでおきたいですね。働きながらの転職活動は忙しく、服の準備は後回しになる方が多い傾向にあります。時間も予算も限られている中でシンプル且つベストを選ぶには、やはり**通年素材が長く置いてあり、比較的リーズナブルでもあるスーツ専門店に行くのがいい**のかなと思います。

先日**「洋服の青山」**にお邪魔しましたが、良質な生地で作られている高価格帯（と言ってもリーズナブル）エリアがあり、お客様にとてもいいものがご提案できました。また、アパレルブランドでも、価格帯に幅はありますが、小柄な方でエレガント系なら**「クー**

ドシャンス」「EPOCA」、背が高かったり大柄な方がクールに着られる**「セオリーリュクス」**、パンツやジャケットの形が美しい**「JOSEPH」「BEIGE,」**、デザイン性が欲しいという方は**「AKIKO OGAWA.」**などもあります。この辺りは百貨店で見ていただけるブランドです。

コロナ禍の影響もあって、スーツのセレクトで重宝していた複数のブランドができては消え、女性は限られた中で選ぶ形になりますが、もし体型に特徴があり、活動まで1カ月強ある場合は、パターンオーダーなども考えてみてください。女性がオーダーできるお店は少ないですが、活動中のストレスを体に合ったスーツが軽減してくれるはずです。

そしてスーツの場合のアクセサリーですが、華美すぎないものであれば耳元や首元にはあったほうが、新人感がなくていいと思います。合わせて、靴や時計も品のいいものがあるといいです。

転職は人生の大きな転機。「あれをやっておけばよかった」がないように、今の自分を存分に出せる状態で悔いなきチャレンジをして、新しい世界に飛び込んでいけるといいですね！

technic 22

思った以上に装いに影響が。ブラトップの落とし穴

「今日は、ブラトップをお召しですか？」

ショッピング中によくお客様に対して口にする言葉です。外から見てわかると思わないのか、驚かれる方も多いですが、**服のラインを見ればほとんどわかります。**

ここで言うブラトップとはブラがついているインナー（キャミソールやタンクトップ）のこと。確かに、締め付けが少なく快適なため愛用者が多いのですが、アンダーバストのホールドがなく、バストトップの位置が下がる、という現象が多く見られ、装いにも、実は大きな影響を及ぼしています。

先日、太って仕事用のジャケットが着られなくなったので、新しくジャケットを選んでほしい、とショッピング同行のご依頼がありました。「お手数ですが、その着られないと

いうジャケットも持ってきてください」とお伝えしたところ、持っていらしたのはシングルで二つボタンのジャケット。そのボタンが留まらない理由は、バストの下垂でした。バストトップをあるべき位置に引き上げると普通に着ることができたのですが、この方、ご自身で対処していたら危うくワンサイズ上のジャケットを購入してしまうところでした。そうするとどうなるか。肩幅や袖幅・身幅全てが本来の体型よりも大きくなり、かえって太って見えてしまうのです。

というわけで行き先をランジェリー売り場に変更、締め付けは少ないけれどホールド力のあるブラジャーを無事購入、お手持ちのジャケットを綺麗に着られるようになりました。

薄着の夏、下着が透けないのが楽でインナーとブラの機能を兼ね備えているブラトップインナーを使い始め、そのまま冬にフィットしたニットの中のインナーとしても使い、通年でバストが下がって見えてしまっている方を多く見かけます。ニット以外でも、バスト部分にダーツが入っているワンピースなどは、その位置がご自身の胸と合わないと着心地も悪くなるので、**正しい位置にバストトップがあるのは本当に大事**です。

下着を選ぶ際、胸にボリュームのある方とコンパクトな方、どちらの方にも言えるのは、服と同じく**「ボディメイクができるジャストサイズ」を選んでほしい**ということです。胸が大きくて気になる方は、薄い生地でしっかりホールドするほぼフルカップのものなら、胸がはみ出てしまう感じをカバーできます。もしくは、コンパクトに見せるブラも出ていますので探してみてください。揺れを抑えたい日は、スポーツブラの出番です。

胸がコンパクトな方はカップの生地がよれないようなフラットな仕上げのものにしたり、少し大きく見せたければ、パッドなどを使って理想のバストに近づけられるといいですね。

また、下着の選び方は着る服にもよります。筒型のワンピースが多い方は、生地がストンと落ちるので胸がコンパクトに見えるものを。そうでないと体全体が大きく見えます。メリハリのある服を着る方は、むしろ胸の美しさをしっかり出すとウエストがコンパクトに見えるのでおすすめです。ただいずれにしても**バストトップの位置は厳守。下がることで太って見えたり、年齢が上に見えるのは避けたい**ところです。そして試着時は背中側もチェック。体にブラジャーがめり込んでいませんか？　ゆるくもなくキツくもない、丁度いいサイズを探す。そして繊細な生地は入浴の際、優しく手洗いで。それがブラトップに負けない快適さに繋がってくると思います。

technic 23

是非一度体感してほしい着心地最高のオーダー服

「オーダーで服を作る」というと、ややハードルが高いと思われる方も多いかもしれません。ただ、オーダーで誂《あつら》えた服はやはりその人にぴったりと馴染みます。スーツやシャツ・コートのフルオーダーやパターンオーダーは、これまでにもよくお客様に提案してきました。

そして今、服や小物のオーダーの種類の幅は以前より広がっています。ニットジャケットやジーンズ、レディースのワンピース・軽めの羽織り・パンプスなどがオーダーできるところも増え、出来上がってくるものの素敵さも格段に上がってきました。

オーダーの長所は、まず自分の体型に合わせたサイズなので、どこも体にあたらず心地よく着られ、実は体型カバーができること（ジャケットやシャツ・パンツは快適度とシルエットが全く違いますので是非体感してほしい！）。そして生地にこだわって製作できるので、お店では見つけられないような色や柄・デザインを自由気ままに作れること。

私も以前、セレモニーや商談用にとパンツスーツを作りましたが、表地はカルロ・バルベラという最上級の生地を使い、裏地は遊び心あふれる柄。スラックスの形は、自分の体に合うものを持っていたのでそれを持参しオーダーしました。

オーダーにトライするなら、まずはお店選び。今はショップの公式サイトやＳＮＳなどでその店で製作したものが見られるので、自分の好みやイメージに合ったものを作っているお店を選びましょう。個人店ではテーラーさんの好みも大きく反映されます。私は四つのお店を、お客様の予算やイメージ、作りたいものに応じて使い分けています。

お店を決めたら、オーダーで一番大事な**「こういう形にしたい！」という気持ちを、テーラーさんにぶつけましょう。**漠然としたものでも構いません。彼らは顧客から欲しいもののヒントをもらった上で、理想的な素材を考え、さらに顧客の体型や雰囲気も考慮に入れデザインに落とし込むことができるプロ。ボール球でも投げてほしいのです。実物や写真でこんな形に、と伝えるのもいい手ですね。

無事に希望を伝えられたら、色や素材選び。色見本や素材見本は生地が小さく、しかも膨大にあるので、もし反物のように生地が置いてあるお店なら、広げて体に乗せてみたほうが、イメージが湧きやすいです。特に柄物は、それが体の面積分あると想定し、うるさくならないか考えてチョイスしましょう。高級素材はツヤや上質感が出る反面、繊細でシワになりやすいことも。どれくらいの頻度で着るかを伝えて、素材選びはテーラーさんと相談しながら進めるのが長持ちの秘訣です。

パターンオーダーの場合は、ご自分のサイズと近似値のジャケットを着て少しずつジャストサイズにしていくので、これはとても大事ですが、「自分なりのジャストサイズ感」を必ず伝え、俯瞰でそのシルエットが美しいかテーラーさんに見てもらってください。

最後は、ボタンや襟の形・裏地などディテールのセレクト。決めることが多いので「どれが通っぽく見えますか？」など、焦らずテーラーさんにプロのアドバイスをもらうのもいいと思います。

オーダーは、自分の色柄形の欲望を全面に出す、また、昔素敵だなと思った服の形を再現してみるなど、色々な使い方があって着心地も最高。製作に1カ月ほどかかってしまいますが、**Tシャツやスウェットが一番楽！　と思う人こそ、是非挑戦してみてください。**

technic 24

組み合わせの参考に。プロが薦める「テッパンの配色」

2016年から、「ショップチャンネル」でオリジナルブランドの通販を行っています。ファッションアイテムを開発する際は、デザインはもちろんですが、何色展開でどんな配色をどれくらいの数作るかに、いつも頭を悩ませます。売れ残りは避けたいのでトレンドを踏まえつつも、私達が日々見ていて頭の中にある、素敵に見えるテッパンの配色の中から「このシーズンはこの配色で皆さんのクローゼットに新しい風を吹かせてみよう」と考えながら服作りをします。また、お客様とショッピングに行くと、「この色とこの色、合わせていいんですね！」とビックリされる方が多いので、できるだけ沢山の配色の可能性を見せられるように、既存の色の組み合わせだけでないカラフルさを意識しています。今回はスタイリストが思う「テッパンの配色」をいくつかご紹介します。

私はコーディネートを作る際、色を大まかにこのように分けます。**「赤・オレンジ系」「黄色系」「グリーン・ブルー系」「(ブルー・)パープル・ピンク系」「茶・グレー・黒系(ベーシックカラー)」**。これは、隣り合わせの色、つまり同系色グループとしてざっくりと分けたものですが、このグループの中でトーンコーデ(同系色を使ったコーディネート)として成立しやすいのは**「グリーン×ブルー」「ブルー×パープル」**。一緒に使うと華やかなのに派手になりませんし、色使いが上手な雰囲気を纏《まと》えます。

また補色(反対色に近い色)としてスタイリングしやすいのは**「オレンジ×ネイビー」「黄色×ナス紺」「カーキ×ピンク」**。パンチはありますが、かなり相性がよい色の組み合わせなので、ついつい無難な合わせ方をしてしまう人は、騙されたと思ってやってみてください。また、対比が強いな、と思う二色には「白」を足すと収まりがよくなったりします。

茶がいい働きをする配色は**「パープル×茶」「ターコイズ×茶」「深いグリーン×茶」**。こちらは奥行きのあるスタイリングになります。

どうしてもベーシックカラーを含まない「色×色」に抵抗がある人は、赤や黄色・ロイヤルブルーなどの、強く明るい色にグレー、レモンイエローや水色、ベビーピンクのような淡い色に黒を合わせると、大人な感じが出て洗練度が上がります。またはグレーやネイビー・白などのカーディガンや羽織りで、彩りが豊かな場所の面積を減らして着てみるといいかもしれませんね。

世に出ているアイテムの配色を、コーディネートの参考にするのもいい方法です。たとえば、とてもカラフルで、海外のものでありながらなんとなく和の色も感じさせるブランド**「シビラ」**。ワンピースやブラウスの色柄は一見個性的にも見えますが、とてもしっくりとまとまっていて、街を歩いていると「わー綺麗ねー」と必ず声をかけられます。同じ配色でコーディネートを組めば、完成形が想像しやすいと思います。

ただ一点だけ気をつけるべきは、全体の統一感を守ること。頭から爪先まで、小物を含めた**全体的なトーンを「ブルーベース」（青みの強い色）か「イエローベース」（黄みの強い色）に統一してください。**そうすると一気に、華やかなのに変なケバさのない、人にも明るさを分け与えるようなスタイリングが完成しますよ。

technic 25

セカンドハンドショップを賢く利用する方法

少し前までは、ファストファッションのお店でよくマダムを見かけるようになったな〜と思っていたのですが、今は**「ラグタグ」「セカスト」「トレファク」**の人気が高まっています。後ろ二つの正式名称は「セカンドストリート」「トレジャーファクトリー」。中古品の買い取りと販売をしているお店です。

中古といっても、ひと昔前とは違い、とても綺麗な状態で売られています。他にも歴史のある**「コメ兵《ひょう》」**や、ブックオフ系列の**「BINGO」**などもあり、サステナブルの気運も追い風となって、リユース事業は急激に全国に広がっています。海外ではリユースはかなり前からの当たり前の文化なので、外国人のお客様には昔から「セカンドハンドショップに連れて行ってほしい」と言われることも多かったですが、やっと日本でも浸透してきたなと思います。

以前は「古着＝カジュアル」というイメージがありましたが、「コメ兵」は銀座、「セカスト」は代官山など、高級ブランドやセレクトショップが立ち並ぶ場所に華やかな店舗を出していて、扱う商品も人気高級ブランドのものが多く、見た目も含め誰もが入りやすくなりました。

たとえば、**「シャネル」のジャケット。定価だと一生手が出ない、と思っていても、半額や3分の1などの価格で売られていたりします。**人気の高いものや最近のものの割引率は低いですが、型落ちや着用感を感じるもの・着方や使い方が難しいものは驚くほど価格が下がっています。もし自分の欲しいものと合致していれば、手が届かないと思っていたものが自分のものになるわけです。

また最近は、単に誰かが購入した・一度でも着用した古着（ユーズドやセカンドハンド）に加え、1990年代以前の一定価値のあるアイテム、つまりヴィンテージアイテムも一緒に並んでおり、これは逆に新品で売られていたときよりも価格が上がっていることも。日本人外国人問わず、ヴィンテージエルメスの同行ショッピングニーズは増えています。こうなってくると「宝探し」の様相を呈してきて、**「個性が出せるレアな服」に出会えること**も多いのです。

賢い使い方としては「一度着てみたかった服」を探すか、先程の宝探し。チェーン店なら取り寄せも可のところが多く、別サイズや他色はネットでも検索できます。逆に選ばないほうがいいのは、既に傷みが見えるもの。今は散々着倒したものを売る方は少ないので、もともと傷みやすい素材だったということ。購入しても長持ちしないかもしれません。

そしてお得に買えたら、そこからスナップを付けて着やすくしたり、処分する服の、気に入っていたボタンを付けてみたりしてリメイクを楽しむのも、さらにオリジナル感が足されていいですよね。

私がこれまで買ってよかったものは、コート・バッグ・アクセサリー・ポーチ。コロナ禍で旅行に行けなかった時期は、海外で買えるユニークなものに出会えなかったので、自分の不用品も出しながら物々交換のように買いました。郊外店舗ではリーズナブルなノーブランドなども沢山店頭に並んでいるので、購入目的に合わせて自分に合うショップを選んでみてください。必要な人へ自分の「大事だけど使わないもの」を渡し、事情により不要とされたものでも、「私にとって使えるもの」は再利用する。一番身近でできる「サステナブル」ですね。

technic 26

心地よさときちんと感を両立。ルームウェアはどこで買う？

自営業の方や、リモートワークをされている方から、「心地よくて、でも多少きちんと感のある部屋着のチョイス」についてのご相談をいただくことがよくあります。家で仕事をされる方にとっては、一日の中で部屋着を着ている時間がもっとも長く、ときには来客や宅配便の対応をすることも。あくまでもご自身がくつろぐお部屋の中で着るものなので、他人がどうこう言うことではないかもしれませんが、**持ち物全てを気持ちいい状態にしておくことは精神衛生上もいい**気がします。部屋着の定義と選び方は人それぞれ。はじめから部屋着にするための服として買う方もいれば、外で着ていたものが少しくたっとしてきたら部屋着にする方、部屋着と寝間着が一緒の方、お子様が独立されて以降、そのお古を愛用している、なんて方もいらっしゃいました。

私は、仕事柄、服の量が多いので、外で着ていたもの、また、気に入って買ったけど、ちょっと仕事にはカジュアルになったかなと思うものが時間を経て部屋着になることが多いです。つまり「そのまま外出できるルームウェア」のイメージ。**部屋着と「ちょっとそこまで着」を分けない暮らしは、服が増えず、突然人が来ても、また、急に外に出なければいけないときも大丈夫。**私の場合は、CAをしていた頃に宿泊先のホテルで非常ベルが鳴り外に出る、という事態が続いたことがあり、抵抗なく外に出られるルームウェアを選ぶようになりました。寒い時期は、膝下丈のスウェットワンピースとレザー風裏起毛パンツの組み合わせか**「カシウエア」**というブランドのゆったりサイズの上下を着ています。アウターを羽織って、靴を履けば、すぐにご近所着になります。ちなみに母は**「イッセイミヤケ」**を愛用。もちろんいずれも、洗濯可能です。

厚手やもこもこが苦手、という方は、アパレルブランドで購入するのも一つの手です。コロナ禍で多くのブランドのアイテムが全体的にカジュアル化し、スーツやドレッシーなものを展開するブランドも、昨今のニーズに合わせカジュアルなアイテムを同じショップ内で展開し始めたので、自分の好きなテイストや素材から外れずに部屋着を準備することができます。**「EPOCA」「BEIGE,」「JOSEPH」**などは、下手すると、ショップ内の約半分のラックがカジュアルウェアなこともあります。キャリア服のブランドだから仕事着だけ？　と思わず、是非、覗いてみてください。

このようなアイテムは、あまり数は要りません。その都度洗い替えするのは中に着るものにして、保温性が高く心地よいインナーを必要枚数持つようにするといいと思います。そういうアイテムはむしろネットショップのほうが強い印象があります。

そして、暑い時期の部屋着はというと、衣装ケースの一番下で潰れているようなリゾートワンピース、ありませんか？　ＣＡのスーツケースには内外どちらにも着られるようなそんなワンピースが入っています。洗濯物が増える時期なので一枚完結にしたいし、何より締め付けがなく心地よく、そのままスーパーへも行けます。

そして、部屋着と寝間着を分けるにせよ分けないにせよ、**寝るときは最上級にリラックスできるものを着ましょう。**なんと言っても、一日の3分の1は寝ている計算。今は着ながらにして疲れが取れるリカバリーウェアや、寝具を売りにしているホテルも多いので、そこから情報収集するのもいいかもしれませんね。

部屋着は生活によって変わっていくもの。私の場合はまだまだ日々バタバタと働いているので、部屋専用のリラックスウェアでコーヒーを飲みながら朝からゆったり、という生活にはなりそうにありませんが、そんなときが来たら、自分の中での部屋着の定義も変わるのかもしれません。

technic 27

服とメイクを寄せて、統一感あるスタイルに

洋服もメイクも、「世相を反映してトレンドが決まる」と言われています。

洋服やヘアメイクのことを考えるとき「変わり続けるからこそ、変わらずに生きてきた」というニール・ヤングの言葉を思い出します。周りから「変わらないね」と言われるような現状維持を続けるには、自分らしいスタイルを持ちながらも少しずつ時代に合わせた軌道修正やマイナーチェンジが必要。それがあるからこそ、はたから見たら不変のスタイルに見えるのだと沢山の素敵な方々とお会いして感じてきました。そんなスタイル構築に服とメイクの組み合わせは必要不可欠。ではどう組み合わせたらいいのでしょう。

着こなしの足を引っ張ってしまうメイクの特徴は「懐かしい」「薄い」「イメージがちぐはぐ」。冒頭にトレンドのことを書きましたが、かつて大いに流行った細眉や、パール感やラメ感の強い色で目元を囲むメイクで今のトレンドのものを着ると、懐かしさと古さが勝ち、洗練度は上がりません。少し眉を太く描き、瞼全体に入れるハイライトカラーをマットなものにするだけで、ぐっと今らしくなります。

また、休日に服のショッピングに行った際、買いたかった服が似合わなくて諦めた、なんていうこと、ありませんか？　お手持ちでも、「似合いにくくなったな」と思う服があると思います。その原因の多くは「そのときのメイクが薄い」ことです。

試着をするときはその服を着るときの靴を履くのがベストですが、それと同じ。その服で出かけるときくらいのメイクをしてショッピングに行かないと、服に顔が負けるような気がして購入をやめてしまうことがあります。

そして、たまには可愛らしい服も着たいと思ってショッピングに出かけたけれど、試着室の鏡の中の自分はいつものクールなメイクのままという例も。**ちぐはぐなメイクのままで「この服似合うな〜！」と思えるはずがありません。**眉の形を優しくしてみたり、ピンクのチークやアイシャドウなどで血色や柔らかさを出して**「メイクと服を寄せる」作業が必要です。**仮面のようにいつも同じメイクではなく、その都度、服とメイクの印象を寄せるためのバリエーションを持つと、グッといろんなスタイルが楽しめるわけです。

そうする上でおすすめのキットが、ドラッグストアでも売っている**「アイシャドウマルチカラーパレット」**です。

メイクレッスンをすると、茶色のグラデーションしか持っていない方も多く、そうすると、目元の印象に一切変化ナシで、それは新しい色や形の服が似合う気がしませんよね。私は服に合わせて眉とアイシャドウの色を変えますが、カラーパレットだと、いずれもその中から自在にトライできるので重宝です。そもそも一切メイクをしない、という方は、眉の形を変えるだけでも印象が全く変わります。「眉は顔の額縁」ですからね。

人は目元を見て話すので、目元の印象のコントロールで似合う服と人からの印象が決まると言ってもいいかもしれません。

technic 28

フォーマルなパーティーに招待されたら何を着る？

「宮中晩餐会」「園遊会」「ガラパーティー」。突然、あなた宛てに格式の高いパーティーの招待状が届きました。

さて、皆さん、どうしましょう？　私のお客様を見ていると「何を着ていけば」と思い悩む時間が長く、やっと重い腰を上げて行動し出すのは結構直前。先日のオファーもそうだったのですが、私のところに相談に来られる頃には「裾上げ間に合うかな……」というタイミングになっていたりします。

適切な装いがわからないという理由で、一生に一度しかないかもしれないお誘いをお断りすることは避けてほしいのですが、昨今は普段の装いがますますカジュアルダウンしてきています。ドレスコード自体が非日常すぎて、きちんと把握しスマートに装うことができる人が少なくなっており、そういう場に参加するのを億劫がる方も増えている気がします。

でも、この、きっと人生最上級のドレスコード、覚えてしまえば、意外とシンプル。たとえば、**招待状に「ホワイトタイ」と書いてあったら？　男性は燕尾服、女性はイブニングドレスもしくは留袖を意味します。**王室の方を国賓に招いた宮中晩餐会やノーベル賞の授賞式がこれに該当し、最上級の礼装です。ドレスは、基本はノースリーブで靴がしっかり隠れるくらいの着丈、素材はタフタやシルクジョーゼットなど。グローブ着用です。ドレスや必要な付属品選びが心配な場合は、百貨店のカラーフォーマル売り場のベテラン販売員さんやフォーマル専門店のアドバイザーさんなどに聞いてみるのもいいかもしれません。

「ドレスコード：ブラックタイ」と書いてあったら？　これはタキシードを意味します。夜の時間帯に開催されるフォーマルなパーティーでよく使われる礼装です。女性は、それに準じた、フルレングスに近いドレスや留袖。程よい露出と宝石の華やかさを存分に感じさせる装いがいいでしょう。

パーティーの場合、バッグはクラッチバッグなどにして、大きな荷物はクロークに預けます。また多くのパーティーには、国のカラーや時期（国旗・クリスマス）などのテーマがあったりするので、そのテーマに沿った色を身に着けたり、背景を気にした装いにすると、主催の方に対する「ギフト」感を出せていいと思います。海外からの参加者も多い場合は、日本らしいモチーフや伝統色も入れたいところですね。

私も、デヴィ夫人主催他、諸々のパーティーに伺っていますが、主催の方の色のイメージが決まっている場合はそれを避けつつ、パーティーに華を添えられるような装いを選んでいます。着物の場合は、参加する方の年齢の序列もあったりするので、それを考えて柄の華やかさを調節します。

ただ、いずれにせよ冒頭に書いたシチュエーションは、お祝いや、めでたい気持ちを表す華やかなお席。ヘアメイク含め、しっかりフォーマルにすることが大事です。いつものヘアスタイルやメイクだと、服装のほうがやり過ぎではと感じてしまうと思うので、自身での準備が難しければ美容院などでお願いしましょう。

フォーマルなパーティーやイベントへのご招待。胸が躍る素敵なシチュエーションですが、自由にというわけにはいかない場なので、経験者や売り場の方に聞いてバッチリ準備して、イベント自体を楽しむ余裕を持てるといいですね。こういうときこそ、「好きな服」より場や自分に「似合う服」なのです。

technic 29

小柄な大人の女性が、自分に合った服を探すには

「ストロベリー」や「すずらん」。百貨店で7号や5号以下のサイズを置くエリアの名前なのですが、この名前を聞くと、スタイリストデビューしたての頃の苦い経験を思い出します。

採寸して5号サイズとわかった方を、満を持してお連れしたのが「ストロベリーサイズコーナー」。みるみる顔が曇るお客様。

「プロの知識をもってしても、私の服はここにしかないんですね……」

プロのスタイリストなら、自分が見つけられなかったブランドに連れて行ってくれるはず、とワクワクしていたであろう方を落胆させてしまいました。自分の非力をお詫びし上司に報告、再度チャンスをくださいと懇願し、二度目のショッピングで、5号のサイズ感

で服作りをしているブランドにお連れでき、なんとかご満足いただくことができました。

小柄な方のサイズフィットへの執着、そして合う服を見つけたときの感動は私の想像以上です。それは今まで「着たい服」でなく「着られる服」を選んできたから。現在では、身長148センチの女性が立ち上げたブランド**「COHINA」**等が戦略も相まって人気ですが、当時は店舗も情報も少なく、私達も必死に探し回りました。

小柄な方に向けて作られる服のタイプやイメージが偏っていて、満足できないという方もいらっしゃいます。以前、「Sサイズだからと、可愛らしいフリルやリボンのついたものを薦められるけど、好きではなくて」とプライベートバンカーの方からご相談いただいたことがありました。辛口ブランドのジャケットとワンピースを3号で試着してもらったところ、「わ〜! 人生初! 私がタイトに感じる服があるなんて。しかも格好いい!」と喜んで試着室から出てこられました。「ジャストサイズで服を着る」のはおしゃれの第一歩ですが、その一歩目の肩線やウエストの高さが合うことすら危ぶまれている人がいるなんて。

そしてそんな状況に置かれている小柄な方々の装いは、年齢を重ねるにつれてさらに難しくなっていきます。具体的には、**Sサイズの可愛い系統の服を着続けて年齢とのギャップが出る方や、華奢に作られているギャルブランドを着続けて年相応に見えない方が出て**

きます。ショップ選びをアップグレードできず、大人の女性が着るコンパクトなサイズのブランドにたどり着けないのです。

幅広いサイズ感のイギリスのブランド**「Phase Eight」**の販売員の方が、偶然立ち寄ったお客様にサイズ展開を案内すると「こんな大人っぽいSサイズがあるんですね」と驚かれる、と言っていました。外にわかるようにSサイズと書いていなくても用意があったりするので、好きなテイストの店があったら是非サイズがあるか確認、試着してみてください。ただ、やはり小さなサイズの服は絶対数が少なく競争率は高いので、シーズンの立ち上がりの3月か8月後半~9月にかけて探しに行きましょう。

そして最近、**「ANAYI」**のSサイズの底力を痛感しています。甘いテイストの服が多いイメージのブランドだったのが、サイズ感は変わらないまま大人のエレガンスにうまくシフトしていて、コンパクトなジャストサイズのオンオフ服を欲している方に多く提案ができています。

このように、**素材や縫製などがよく、年齢を重ねてもそのまま着られるようにしているブランドもある**ので、以前のイメージにとらわれず見に行ってみてください。

technic
30

「品がある装い」とは何か。服に出る暮らし方や価値観

人はどのようにして「品がある装い」だと感じるのでしょう。弊社のお客様でも、代々資産家のご家庭の女性がいらっしゃいますが、いつお会いしても育ちのよさを感じます。それは言葉遣いなどももちろんありますが、やはり佇まいが大きい気がします。

美しい姿勢や立ち方、物事に動じない穏やかでまっすぐな目。ツヤのある髪や爪。誂えたような服に手入れの行き届いたバッグや靴。この、全体から醸し出される美に、人は「品がある方だな」と感じるのだと思います。そんな方に、最近出会ってしまいました。芦田淳さんの奥様で、芦田多恵さんのお母様の芦田友子さん。ショーでお目にかかり、品とエレガントな佇まいに鳥肌が立ったのを覚えています。

では逆に、品がないと感じる装いとは、どんなものでしょう。

たとえば、「分不相応のものを着ている」。無理にブランド品を身に着けたり、アクセサリーが必要以上にギラついている。または「TPOに合った服装ができていない」。過度な露出があり直視しにくい装いや、フォーマルな場所やカジュアルな場所で、その場に応じたものを身に着けられていない。「本人に合っていない柄や素材」も品が落ちるときがあります。ジャストサイズといつもしつこく言っていますが、肌着の線が見えてしまうようなフィットしすぎなパンツやトップス等も品がある装いからは少し離れてしまいます。

となると、**品がある装いをするためには「TPOに合わせて、分相応のものを、程よい装飾・サイズ・素材、適度な露出で着る」ということになるわけですが、つまりそれって「似合う服を着ている」ということですよね。そしてそこには、「清潔感」と「余裕」が伴わないといけません。**

とても大事な方に会うとき、シワや毛玉のある服、ヒールが傷んだ靴、雑なヘアメイクなどのだらしない格好で行かれませんよね？　そういう装いをされている方からは行き届いた感じが出ず、余裕を持った暮らしをしているように見えません。会う人や、もの・場所を大事にしているようにも感じられません。つまり、**装いからは「生き方が透けて見えている」のです。**

よく私は「服は内面の一番外側の表皮」と言いますが、その人が摂った食事が体や肌に出るのと同様に、暮らし方や価値観が服や体の随所に出るのです。そして、その印象で人は、品がある人・ない人のジャッジをしているんだと思います。

トレンドに合わせてどんどん服を買うのではなく、受け継がれたものを大事に、またはリメイクして身に着ける慣習なども、価値観が出る例ですね。その価値観がコミュニティー内で代々伝わっているので「何を着たらいいかわからない」とならず、自信や自己肯定、余裕に繋がっているのではと思います。

冒頭の話に戻りますが、では何故そのような確固たる価値観と品格を持った方がスタイリングサービスを受けに来られるのか。それは、今まで生きてきた自分のコミュニティーとは異なる環境に飛び込む場面で必要だったから。その方は外資系企業でバリバリ働く状況になったことで、TPOに合わせた装いを教えてほしいと弊社にいらっしゃいました。彼女は素直な心で学びアドバイスを受け入れられ、品がありながら格好いい女性になられました。

よい育ちをしていないと「品」が出せないかというと、そうではありません。**自分の与えられた立場を知り、受け入れ、決して偉ぶらず押し付けず、でも自分なりのポリシーを持ち、日々心を満たして生きられる服を着る。それが、品がある人の装い方、ということなんだと思います。**

technic 31

年を重ねても、ジーンズを格好よく穿きこなすには

19世紀半ば、アメリカのゴールドラッシュの時代に作業着として誕生したジーンズ。1967年から国産のジーンズが日本のデパートでも売られるようになりました。70年代はヒッピー他の影響、90年代にヴィンテージ加工スタートなど、ここでは書き尽くせないほど長くユニークな歴史がありますが、私がスタイリストになってからのここ15年だけでも大きな変遷がありました。

15年前はショッピング同行の購入希望アイテムには必ずジーンズが入っていました。当時、師匠から、試着いただくのは3本以内、それでベストな一本を選べないのはプロ失格、と言われ、たたまれているジーンズを広げてはウォッシュやダメージの具合を見たり、当時の同僚と試着しまくってブランドや形・素材ごとの癖を頭にたたき込みました。

ヒールを合わせる着方も多かったので、裾の格好いいロールアップの方法を伝授するのも大事な仕事の一つでした。

しかしその後は、仕事に穿いて行けないことや、チュニック＋レギンスの台頭などもあって、30代、40代からのジーンズ選びのオファーは激減。ジーンズ売り場も縮小するところが増えました。現に、2008年以降、岡山がメインの国内の生産量も減っています。

海外では素敵にジーンズを穿く人が多いですが、その多くが、「体のラインを生かした白シャツとジーンズ」のようなシンプルな着方。それをスナップで見て憧れても、現実的には「体のラインをカバーしたい」と思ってしまって実現できていない日本人が多い気がします。そしてそもそも、この短い期間でもこれだけの変遷があるので、何が自分に合うのかを探すのも難しいですよね。

今は、トレンドとしてバギーやカーゴタイプのものが沢山店頭に並んでいます。ここで**必ず見てほしいのはポケットの位置。お尻の下までカバーするものや、カーゴのサイドポケットが前腿にかかるようにデザインされているとヒップや脚がスッキリ見えます。**

また、ウォッシュが効いているほうが似合うかどうか、色落ち具合も必ず穿いて比べてください。**ジーンズを長らく穿いていない人は、柔らかくて少しストレッチの効いたものが穿きやすい**ので、現物を触ったり、販売員の方に訊いてみたりしてください。

ストレートを穿きたい方は腰や股周りにも少しゆとりがあるものを。ピチピチだと懐かしく見えます。そして必ず後ろ姿をチェックしてください。お尻の食い込みはもちろん、腿から膝までがタイトな印象だったら今のトレンドでは避けたほうがよさそうです。

2022年に若者達の間にブーツカットが戻ってきたときは本当に衝撃でしたが（どれだけクローゼットチェックでブーツカットジーンズを捨ててくださいと言ったことか……）、ただこれは新たなヤングトレンドで、私達世代が穿くとただただ懐かしくなるので、間違ってもお嬢さんと共用はやめてくださいね。大人の女性にはトレンドのバギー、もしくは王道ブランドのストレートを綺麗に穿くのがおすすめです。

ジーンズは沢山持っている方と一本も持っていない方に分かれますが、**常用している方は比較的スタイルがいい気がするので、体型キープにもきっと役立っているはず。**「硬いものを穿きこなす」「穿き心地重視」などの、自分はこう生きるという思いを乗せて、ジーンズと自身の経年変化を楽しめると、真の意味で格好よく着こなせるのだと思います。

technic 32

いつもと違う「冒険」も！ レンタルドレスの賢い利用法

コロナ流行下では少なくなっていた結婚式、披露宴が復活し、お呼ばれの機会が多くなったという話をよく耳にします。お祝いの気持ちを表現できる装いを準備したいけれど、フォーマルを新調するほど着る機会が見込めない、または機会自体はあるけれど参列のメンバーが被っている、着物は無理などの理由で、レンタルドレスを利用する方が増えてきています。

先日も、同級生の結婚式のための服選びのオファーをいただき、「購入にしますか？レンタルにしますか？」と聞くと「そうか、レンタルという手もあるんですね」とお客様。よくお世話になっている、渋谷の**「マイクローゼット」**へお連れしました。

レンタルドレスショップのいいところその1。**基本予約制なので、混み合うことはな**

く、確保された時間の中でドレス・羽織り・靴・バッグ・アクセサリーなどをゆっくり選べます。ただ、利用したい当日にそのアイテム達の貸し出し予定が入っていないかチェックする必要があるので、日取りが決まったら早めに行ったほうがいいと思います。その2。**サイズや色、年代別のラインナップが想像以上に豊富。**その3。**借り物ゆえの「冒険」ができる。**

今回のお客様は、体育大出身で、職業も体を張るお仕事。ジャージ姿しか見たことがない友人達をビックリさせたい、とのことで、2と3を生かし、がっしりした格好いい体にも合うサイズ感で、赤のロングタイトワンピースを選ばせていただきました。式の後すぐに、「友達が『似合ってる!』と初めて服を褒めてくれました!」とお客様からメッセージが届きました。店舗で試着しているので、遠方での結婚式の場合はそのまま現地に送れたり、使用後は、クリーニング不要で配送でも返却できるので、気分的に楽ですね。

ショップ自体も増えているので、価格競争もあって昔より断然リーズナブルになっています。ネットで見て借りられるドレスショップも多く、最近は地方の方から、「こんなのを借りようと思うのですが似合いますか?」というご相談も受けます。その場合、気をつけてもらいたいのは、自分の骨格に合ったものを選ぶこと。上半身が割とがっしりしている人は、三首(手首・足首・首)がしっかり開いたものを選び、潔く肌見せしましょう。

上半身は華奢で下半身ががっしりしている人は、肌見せというよりはレースや刺繍など沢山の装飾があるアイテムを選んでください。

またお着物以外は、柄物は無地より格が下がってしまうので、大人の女性であれば、無地を選んだほうがよいでしょう。

先の渋谷のお店では、ヘアメイクしてドレスを着て出かけるタイミングで「やっぱり、イヤリングも借りてもいいですか？」と仰っている方を見かけました。ヘアメイクで華やかになるので、ドレスだけでは地味だなと思ったのでしょう。遠隔で借りる場合でもお慶びの席用のヘアメイクを想像して必要なものを借りておくことをおすすめします。

ハイブランドに強いお店ですと恵比寿の**「ドレスティーク」**を使っています。こちらはパーティー用にも使える、人と被らない一点ものも多いショップです。お呼ばれはとても嬉しいのに、ドレス選びで憂鬱になるなんて本末転倒。装いはお相手へのギフト・思いやりだと思って、いつもは着ないような華やかなお祝い服に身を包んでみましょう。きっと新郎新婦や主催者も喜んでくれるはずです。

technic
33

見た目年齢と体型に影響大！服が似合う美姿勢のために

最近、結婚相談所で立ち居振る舞いのレッスンをしていると、コロナ禍によるリモートワークの増加や孤食が続いたことで、姿勢が悪くなっている方を見かけます。人間の頭の重さは体重の8〜10％。日々それを体で支えているわけですが、支えきれず姿勢が悪くなると、だらしなく陰気に見えたり、実際より老けて見えたりします。そんなとき、私は、その方と一緒にストレッチを行います。

弊社のクライアントでもある美姿勢講師の小林かおるさん曰く、**「美姿勢自体が筋トレ」**。背筋を伸ばし顎を引きヒップを締めて後頭部・肩・背中・ヒップ、踵を壁につけることや両肩をぐるっと回して肩甲骨を露出させるような動きを習慣づけると、それぞれ**見た目年齢マイナス5歳**になるそうです。運営されている**「KAORU STUDIO」**サイトのご本人のビフォーアフター画像は必見。説得力が違います。

このストレッチや腹筋背筋の筋トレをせずに前屈みの姿勢を取り続けていると、二の腕・肩周り・背中にも脂肪がついて上半身に余計な丸みや縮こまりができてきます。胸筋が縮んでバストは下がり、前傾姿勢に見えるように。腹筋不足により下腹にもお肉がつきやすく、上半身が逆S字のような形になっていきます。

人類の進化のイラストを思い出し、書いているだけで空恐ろしくなってきますが、そうなると、どんなに素敵な服を着ても台なし。ショーウィンドーに映る自分の姿にビックリ、にならないように日頃からこまめにストレッチをし、後ろ姿も意識してみてください。

バレエをしている人の姿勢は、本当に美しいですよね。よく天井から頭の天辺《てっぺん》を引っ張られているような意識で立つ、と聞きますが、真っ直ぐな姿勢に合わせて作られた服にとって、姿勢は洋服の着こなしのよし悪しを左右する重要な要素。いくつになっても使える武器・財産といっても過言ではありません。先日も、ショッピング同行をした76歳の女性に「姿勢が美しいですね」と言ったところ、「実は、昔は猫背だったのに、脚の手術をして正しい姿勢になるようリハビリをしていたらよくなったのよ」と教えてくださいました。実際、姿勢がよいのでとてもお若く見え、服も映えスタイリングもしやすかったです。

皆さん口々に体重を減らすダイエットについて仰いますが、実は、ストレッチや筋トレによって姿勢を美しくすることで、顎・肩周り・バスト・下腹・ヒップがスッキリ見える可能性も大きく感じます。**姿勢が発展途上中、または事情によりいい姿勢を保つことが難しい方は、ハリのある素材や襟付きのトップス、猫背矯正のブラジャーなどで意識を変えてみるのも効果的**かもしれません。

そして、**いい姿勢には、靴選びもとても大事**です。私はハイヒールに慣れているせいか、そちらのほうがいい姿勢を保て、むしろ楽に感じるフラットシューズのほうが気づくと姿勢が悪くなってしまいます。足に合わず痛みが出る靴を履いていれば、それを庇うように歩いてしまうし、ヒールで膝を曲げて歩く人も美しい姿勢とは言えません。靴は健康や姿勢に関わる重要なアイテムなので、是非吟味して選んでください。

姿勢は、頭からつま先までの日々の行き届いた意識があるかないかで格好よくも格好悪くもなります。さあ、今日からコツコツと美姿勢キープ術、頑張ってみましょう！

technic 34

嫌い・苦手な家事の筆頭、アイロンがけを楽にするには

先日、**「死ぬほど嫌いな家事をおしえてください。私はアイロンです」**というシャープの公式SNSの呟きが話題になりました。確かに、嫌いな家事についてアンケートを取ると、いつも上位にランクインするのが「アイロンがけ」。私も実は、この仕事を始めるまでは、アイロンがけはできるだけ避けたい家事でした。

CAだったこともあり、旅先ではシワになりにくい服、制服はクリーニングへ。家庭を持ってからは、皆で着回す子供の給食着のアイロン作業に苦戦。洗いざらしのまま次の方に渡すわけにもいかず、職業がバレているプレッシャーでムダに完璧に仕上げていた気が

します。

でもそも、何がそんなに嫌だったのか改めて考えてみると、家ではプレス機能を重んじて重量のあるコード付きアイロンを使っていたことと、それの出し入れ含め動線が悪かったことに思い至りました。使用場所が制限されることや腕への負担もあいまって、私にとって「アイロン＝面倒」という図式になってしまっていたのです。でも今の仕事を始め、数百着の服に一気にアイロンを当てるような撮影の仕事を経験すると、要領やガジェットのセレクトを見直せばいいのではと考えが変わってきました。

今、自宅には、先の重量級アイロンとアイロン機能付き衣類スチーマーがありますが、**使用するのはほとんどスチーマー。アイロン台ではなく、アイロンミトンと一緒に使います。**この二つはお気に入りのバッグに入れてリビングに置いていて、すぐに使えますし、仕事のときはそのまま持ち運べるようにしています。

スチーマーは大手の家電量販店に事前に電話して仕事内容を説明、「私に最適な一台を探したい」とお伝えし伺うと、アイロンマニアな販売員さんが担当に。サンプルのシャツまで準備があるという用意周到ぶりで、なんと、全てのスチーマーを実際に試してから購入するという幸運に恵まれました。

ミトンも、親指と4本の指でつまめる鍋つかみ式のものを使って、生地を引っ張りながらしっかり当てています。洗濯後の洋服は水で繊維が縮んでしまっている状態。なので、繊維が伸びている状態を保ってプレスするのがシワを伸ばせる唯一の方法であり、ゴシゴシ擦るように往復させたからシワが取れる訳ではないのです。

そして、日本人の生真面目さ、「100%綺麗にしなければ」という気持ちによって、アイロンが苦手だと思ってしまっている気がするので、**8割程度綺麗に見えれば、くらいの気持ちでかける**といいのかなと思います。正直、少しのシワで汚く見えてしまうアイテムは男性のドレスシャツ、女性のシルクブラウスなどごく少数。たとえば、うちの娘は制服のシャツの襟や袖口、胸元など見える場所はしっかりアイロンをかけ、あとはゆるっとスチームをあてて学校へ行っています。「アイロン仕上げ剤」を併用するのも、結果時短になると思います。

シワ取りをしなければいけない服がおそらく少なくなっていく中、それでも糊のきいたシャツを気持ちよく着たいときや、年齢を重ねた体や背中の丸みをカバーしてくれるシャツを着たい場合は、いかに「ながら作業」にしてしまうかと動線の改善、そして苦手な家事こそ器具のスペックを上げるのが、アイロンと楽しく付き合う近道だと思います。

technic
35

ファッション雑誌を参考にするための四つのポイント

小学生の頃からファッション誌を読み漁っていた私。今は有り難いことに誌面作りにも携わるようになり、森明子さんや生駒芳子さんなど元『エル・ジャポン』や『マリ・クレール』の編集長だった方々とトークショーや仕事を御一緒する機会にも恵まれています。昔からスタイリストさんの手の内を見ているようで好きだったのは「1カ月コーディネート」。根っからコーディネートを組むのが好きだったのかもしれません。

しかし、「スタイルが違う」「モデルさんが日本人じゃないと想像しにくい」「掲載されている服の価格帯が違いすぎる」などの理由で、雑誌は参考にならないと思われる方もいらっしゃいます。確かに「自分と違う」という目線でページをめくると、日々の服選びの参考にはならないので、「自分に取り入れるなら」と思って見てみましょう。そのためのポイントを、いくつかあげてみます。

ポイントその1。トップスとボトムスや、全体のバランスや着方についてトレンドをチェック。**今年はトップスをどれくらいタックインするのか、マキシスカートはどんな丈や素材感なのか、そして靴やバッグは何を合わせているのか。**去年と同じアイテム名だったとしても形や素材・カラートレンドも違ったりするので、それもチェックしてみましょう。昔はコートからスカートの裾が出るなんて考えられませんでしたが、今やOK。さらにご自身に落とし込むために、手持ちの服を同じように着てみて自撮りし、自分らしいバランスを検証してみてください。

ポイントその2。**勝手に引き算をしない。**1ページをきちんと見ると、無彩色や淡い色のコーディネートのときには、モデルさんが色みのあるしっかりメイクだったり、小物や背景が華やかだったりしています。ページ全体でバランスを取っているわけで、ピアスはしないから要らない、こんな靴は履けないから自前の靴で、みたいに勝手に引き算や変更をすると、途端に洗練度が下がってしまいます。**小物やメイク含め、できるだけ忠実に再現してみましょう。**

ポイントその3。雑誌を使って自分の好きなテイストのチェックができます。**目を惹かれるのは、硬い光で撮ったようなコントラストの効いた写真でしょうか？ それとも柔ら**

かい光で撮ったベールがかかったような写真でしょうか？　これが、自分が服をどう着たいかの感覚と近い人が多いです。私は前者の写真が好きなので、コントラストを効かせたスタイリングが好き。後者が好きな方は、柔らかい色や素材感で服を着たい人が多いです。それぞれ「潔さや強さ」「柔らかさや穏やかさ」が前に出ていると思うので、取り入れたいイメージの写真のヘアメイクや服のチョイスを参考にしてみるのもいいと思います。

ポイントその4。**自分と体型が近いモデルさんを見つけましょう。**そんなのいないない！と思う方もいらっしゃるかもしれませんが、首の長さや体の厚み、手のひらの大きさ、上半身と下半身のどちらにボリュームがあるかで近い体型の方を発見できます。すると、モデルさんに似合うということが第一義的ではないファッション誌の場合は、似合う似合わないを代わりに検証できます。因みに『CanCam』で同時期に活躍していたカリスマモデルの蛯原友里さんと押切もえさん。上半身シッカリの蛯原さんと反対の体型の押切さんでは、似合うものも実は正反対でした。

これだけの情報が網羅されているファッション誌、実はとても貴重な情報源なのです。以上、ファッション誌マニアの霜鳥がお伝えしましたっ！

technic 36

手元に年齢を感じたとき すぐにできる対処法とは

早朝からお弁当を作る母に、毎朝起こされていた学生時代。思い起こせば、その時点で母がお化粧をしていないことはありませんでした。今も変わらず美意識の高い女性ですが、先日一緒に温泉に行ったとき、他の人と一緒になるのを避けていたので理由を聞くと、自分の手元を見ながら「人様に見せられる肌じゃない」と。手元は自分の目に入りやすいので、特に衰えを感じるパーツかもしれません。

母の言葉を聞いた私はすぐに近所のネイルサロンを勝手に予約し、行ってもらいました。すると、初めてジェルネイルとパックをした母の手の画像が送られてきて「どこか出かけたくなった」と喜びの電話が。**ネイルが華やかになればそこに目がいくので、手元の印象はガラッと変化するのです。**

また先日、介護職の方のスタイリングをさせていただいたのですが、仕事上ネイルはできないとのこと。でも、電車で手元の美しい人を見かけると羨ましいと仰っていたので、予定にはなかった指輪のご提案をしました。半信半疑で着けてみたその方は「私のシワシワの手がなんだか格好よく見える！」とビックリされたご様子でした。

日焼けや日々の水仕事で手元の老化は進んでいくので、私もグローブを着けて水仕事をしていたこともありましたが、残念ながら長続きせず。その代わり、最近はおやつ代わりに素焼きナッツを小分け袋に入れてバッグに忍ばせています。**ナッツには爪や髪のもとになる栄養素が豊富に含まれているので、ネイリストさんにも先日、手の甲の潤いが違うし、爪が丈夫になった気がしますと褒めていただけた**のでおすすめです。

さらに、これがあると年齢を隠せないのが「手の甲の血管」。若いときには手の甲の皮膚にハリや弾力があるので見えにくいですが、段々目立ってきます。**腕を上げて指先から心臓に向けて血液を戻すと一時的に目立たなくなりますが、普段から保湿クリームを指先から肘にかけてマッサージしながら塗っていくのも効果的**です。

ここまでネイルやリングで視線を逸らす方法や、手元を若々しく保つ根本的な対処法についても書いてきましたが、洋服を使ってできることもあります。トップスで言うと、白を選ぶ際は、光沢があったり青白いほどの真っ白なアイテムは手の甲の凹凸が目立つので、生成りや風合い・織り柄などがあるものを。茶色や黒は光を吸収してしまい、肌が白い方以外は近くにある肌も少しくすんで見えてしまうこともあるので注意しましょう。

カラーアイテムやゴールド、シルバーは周りを映えさせるので似合う色を選んで沢山着ていただきたいのですが、気をつけたいのは、アースカラーと「枯れ葉柄」などの服。ご年配の方向けのショップによく置いてあります。「もう年だから」という気持ちからか買う方が多くいらっしゃって、ブランドとしてはラインナップに残り続けるのだと思いますが、年齢を重ねた方には難しいアイテム。スタイリストとしては、映えないので避けたいチョイスです。

血色がよくないと手元に年齢を感じさせてしまうので、血の気を感じさせるアイテムはとても効果的。**ピンクやオレンジ色の長袖カーディガン等をUVや冷房対策で羽織るのは得策です。**そして、同様に助かるアイテムが「柄物ブラウス」。手元の凹凸をカバーしてくれるので、是非トライしてみてください！　工夫次第で、白魚のような指の美しい手元が復活するかもしれません。

technic 37

世代や国によってイメージが違う海外ブランドの楽しみ方

以前、スイスブランドの**「AKRIS」**でお得意様向けのスタイリングイベントをさせていただくために、事前リサーチで大型の路面店に伺った際、アイテムをくまなく見て初めて、バリエーションに驚いたことがありました。お恥ずかしい話ですが、それまでそんなに面積が広くない店舗をいつも覗いていたので、どちらかというと、日本人が好むベーシックな色柄のラインナップでコンサバティブなブランドに感じていたのです。ビビッドな色柄もあるんだとビックリしました。その多くはコレクションラインで、そもそも生産数が限られていて、日本で見かけることが少ないわけですが、本来のブランドコンセプトを把握できていなかったなと反省し、当日までに何度も店を訪れ、猛勉強しました。

海外ブランドは特に、店頭では日本で売れやすいものが並んでいるので、**「BUYMA」**

などの海外通販サイトを見ると「本国ではこういう立ち位置で華やかなブランドだったのね」と感じます。

多くのブランドが日本人の比較的コンサバなセレクトに合わせたラインナップになっていますが、最近は少し様変わりしてきています。インバウンドのお客様が増え、特にアジアの富裕層向けにハイブランドが華やかなものを入れてきているので、同じブランドでも雰囲気が違う感じがするかもしれません。

真のコンセプトを知るには「そのブランドが生まれた国の路面店を見る」のが一番ですが、他国でも「旗艦店」と呼ばれる店舗に行けば、本来のバリエーションに近いものを見ることができます。

また、ロゴ先行で先入観を少なからず持ってしまうものに「ライセンス商品」があります。ブランドロゴなどを使って商品を作っているのですが、私自身、職業柄周りと被らないようにと持つのを躊躇《ためら》ったのが**「COACH」**でした。今は、インポートの古着屋で素敵なトップスを見つけて愛用中です。プロでもそうなのですから、先入観は考え方の幅を狭くしますね。海外旅行などの際に、お店の入口で「あ、〇〇ね」と決めつけず、シンボリックなアイテム以外もチェックしていただくと「意外と靴が素敵」など新たな発見があるかもしれませんので、食わず嫌いせず是非見てみてください。

スペインのブランド**「Desigual」**は海外ではかなり幅広い層向けのブランドですが、日本では大人の女性が着るイメージになった時期がありました。これは、百貨店のミセスフロアでサイズ感を幅広く展開していて、年齢を重ねて少し体型が気になる方も着やすかったのも大きかったと思います。先日、蜷川実花さんとのコラボがあったりして、また幅広い層に知られることとなりました。

講師をしているバンタンデザイン研究所で教えていると、私の世代ではある一部の人が好きだったブランドが、多くの学生が入社したいアパレルブランドになっていた、ということもあります。このように、同じブランドでも百貨店内のショップの場所や国、世代によって見え方や客層が違ったりするのですが、先入観や視野の狭さは、私の「COACH」のように好きなものを着るという機会を損失してしまいます。

是非ときめく掘り出し物を見つけて、「私ならこう着る」と考えてみてください。若い世代の着こなしを見て、私は紺のジャケットを羽織ろうとか、大人な靴と合わせてみよう……などと想像することもおすすめします。結果それが「似合う」に繋がるのです。

technic 38

ジュエリーのプロに聞く選び方のポイントとは？

2023年に東京ビッグサイトで行われたジャパンジュエリーフェアのトークショーに出演し、ジュエリーコーディネーター1級でジュエリー販売歴36年の大ベテラン、前田妙さんと対談しました。その際の打ち合わせで、前田さんはどんなジュエリーの着け方をする同世代に目を奪われるのか伺ってみました。

まずは、あこやパールを美しく着けている人。円満・長寿という石言葉もあるので冠婚葬祭用というイメージがありますが、実は日本産のあこやパールは「世界で最も美しい真珠」として海外からの人気もとても高く、価格も高騰。レフ板効果も高いので、日常使いしてほしいのだとか。それには、8・5〜9ミリ玉で、20万〜30万円のものがおすすめだそうです。石ならエメラルド。年齢を重ねた日本人女性の肌にとても相性がいいそうです。そして、年齢を重ねたからこそ似合うブランドとして、**「カルティエ」「ブルガリ」「ブシュロン」「ハリー・ウィンストン」**などを挙げられ、いずれも「若い人が着けこなすには難しいブランド」と仰っていました。逆に**「ティファニー」**などはフレッシュな印象とも。「年齢とジュエリーの格を揃える」「お子様の結婚式や大事な場でずっと着けられる正式なジュエリーを持っておく」など、確かに！　と思う言葉ばかりいただきました。

　購入の際は「販売側はウェルカムですので必ず試着を沢山してください」とのこと。着け心地のよし悪し、指や体とのバランス（私も近くにあれば必ず全身鏡でバランスを見ます）、「照りがいい」アイテムを2、3店舗で比較する。百貨店のジュエリーフロアや複数店舗の展示会などは好都合です。

　そして、「若い方が自分へのご褒美にバージョンアップしたものを身に着けるとしたら？」という問いには**「清潔感と凛とした雰囲気を併せ持つプラチナ」**を挙げてくださいました。特に指輪は、いつでも視界に入るのでご褒美としての満足度が高いそうです。私も指輪の地金をシルバーからプラチナにしたときは、少し大人になった感じがしました。

　一方で、ジュエリーにはパワーストーンのようにお守りの意味合いもありますし、好きなものを着ける、という嗜好品ならではのセレクトもいいと前田さん。そういう場合、大人の女性はそれを引き立たせるシンプルで洗練された装いをするのがよいと思います。

最後に、信頼できるショップの見極め方を教えていただきました。それは、販売員の方が「お客様自身がどうありたいか」やシチュエーション・価格帯イメージをきちんとヒアリングしてくれるお店、だそうです。私も販売員向けの講座をさせていただいたことがありますが、結局着けるのはお客様。ヘアメイクや服・ボディバランスやライフスタイルに合ったものを提供しないことには、そのジュエリーのイメージも損なってしまうという考えが定着してきているようです。

そんな販売員や前田さんからも「この人、やるな」と**一目置かれるこなれアイテムは「ブローチ」**だそうです。顔周りを明るくしますし、ペンダントトップやストールの留め具や帯留めにもなったりして、重宝します。

このとき前田さんから教えていただいた**「ギメル」**というブランドのサイトを見ると、ジュエリーも洋服同様、自己表現の一つだと気づきます。身に着けているもので知らず知らずのうちに主義主張が表れてしまうわけですから、日々のジュエリー、しっかり選んでみませんか？

technic 39

マンネリを感じている方にもおすすめ！テレビショッピング

大変な食わず嫌いをしておりました、ワタクシ。試着しない人否定派だったので、お客様にも通販はあまり推奨していませんでした。なのに何故今、テレビショッピングに携わっているのか。それは、この方法で一度に多くのお買い物難民を救いたかったからです。

２０１６年にお声がけをいただいて以来、ショップチャンネルで三つのオリジナルブランドを展開してきました。バリバリお仕事をして金銭的な余裕はあるけれど、スーツブランドの絶滅危機も相まって素敵なお仕事服を見つけられないという声を聞き、**「BLESSU」**というキャリア服ブランドをスタート。その後、昔深夜の通販番組で見た何十通りにも着られる「インフィニットドレス」が忘れられないというお客様との話から、「一枚の布」で何通りにでも着られるブランド**「MAKIRU（巻く＋着る）」**を展開。さらに現在は、

「着るだけでオシャレに見えるお手頃な服って一体どこにあるの？」というご要望を受け「貴方の名刺（服）」という意味の「CARTE.」というブランドも立ち上げました。

どれも、今の年齢で何をどう着たらいいかわからないというお悩みに加え、近くにショッピングする場所がない、コロナ禍で店舗がクローズしてしまった、など、様々な事情から店頭でお買い物しにくいお客様の声をもとに作ったブランドです。

通販番組の場合、大手では作りにくいニッチなニーズ向けの商品や、デザイナーの思いやアイテム自体のクセにコアなファンがつくようなブランドが多く、長く同じショップに通い続けてマンネリを感じている人も「痒いところに手が届く」ブランドが見つかるかもしれません。

生放送1時間前に司会の方と初めて顔合わせをし、どう伝え展開するかをバッと相談。商品知識は頭に入れて話してくださるので、私はこだわったポイントやデザイナーとしての情熱を限りある時間でカメラ越しに視聴者に訴えます。

ただ、通販なので返品があるのも事実です。その三大理由が「サイズ」「機能性（着やすいか等含め）」「思っていた色柄や素材と違う」。手にとってお買い物できない分、きちんと口で、また、着て着用感を説明します。デザインする際も、具体的なペルソナを設け「もう少し着丈があったほうがいい」「ポケットが欲しいだろう」「重く感じないよう、極限まで軽く作ろう」と納得いくまで何度も作り直します。やってみて、**通販のアイテム作りと、日々沢山ヒアリングして希望のものを提案するパーソナルスタイリストはとても親和性が高い**と思いました。生放送中に、購入された東北にお住まいの方とお電話でき「こんな服を探してたんですよ」の言葉に感激したことを覚えています。

お客様は女性が9割で、その大半が50代以上。沢山服を見てきて目の肥えた方に提案するわけですから、ありきたりのものではビクともされません。しかも、よい点悪い点いずれも、ご意見をくださいます。そのご意見を汲み、高い品質基準とバイヤーさんの審美眼をクリアし、サイズ感も豊富な通販ブランド、使えるに決まっていますよね。

ただし、吟味は大事。画面表示が「残りあと少し」になると焦りますが、放送終了後もしばらくは購入できますので、慌てず先ほどの三点をシビアに吟味してください。24時間沢山のブランドがテレビから流れて来ますから、ご自分の基準をクリアしたら買う、くらいの気持ちで衝動買いしないようにしてください。

technic 40

髪型で似合う服も変わる 3通りの組み合わせ方

先日、弊社サロンに、70代と50代の母娘がメイクレッスンに来られました。お顔周りを拝見した後、70代のお母様は完全な白髪だったので、それに合わせた華やかメイクに。50代のお嬢様は少し頭頂部の髪が少なくなられていたので「まず髪を触らせていただいてよろしいですか？」とお伝えし、ハーフアップ（通称くるりんぱ）にして頭頂部を盛り、厚みのある斜め前髪に。そしたらナント、それだけで目元もキリッと上がり10歳は若く見え、お母様もビックリ！　もちろんメイクレッスンも行いましたが、ヘアスタイルだけでもかなり若々しくなり、笑顔で「なんだか明るい服もいけるような気がしてきたわ！　このままお買い物行っちゃおう！」と仰るまでになりました。

50代は「髪の過渡期」。少し手を加えることも必要です。若い方でも、薄毛に見えることで実際よりも年齢が上のように感じたり、若々しい服が似合わないと諦めていたりする方が多く、もったいないと感じます。

ヘアアレンジが苦手で、髪は左右に分けて垂らすのみ、という方がいらっしゃいますが、そうすると髪の重みで頭頂部が潰れてしまいます。また、奥まで真っすぐ分け目を作ると、地肌が見え、髪が少なく見えてしまうことも。ジグザグに分け目を作ったり、たまには合わせ鏡をして、後ろからのご自分の姿もチェックしたいですね。

私が前髪を斜めにしているのは、目の大きさには若干左右差があり、**コンパクトな目のほうに前髪を垂らすと目力がアップする**から。コレ、おすすめです。

「歳を重ねて黒髪・黒い服が似合わなくなった」という話もよく聞きます。写真撮影時に使うレフ板の白がクマ・シミ・シワをとばしてくれるとしたら、黒い髪や服はその逆で、彫りを深く見せ、黒い部分を目立たせます。そのせいでやつれて見えたり老けて見えたりするというわけなので、顔の近くに黒をもってくるなら、黒に負けないメイクが必要になります。

弊社では「美容院同行」というサービスで最適なヘアスタイルを提案しています。ロングヘアの方をショートボブヘアにするケースも多いのですが、それは髪を短くすることで等身が上がったり、頭頂部をふんわりさせやすいということに加えて、髪のインパクトをコントロールするという理由もあります。

ロングヘアのインパクトは、思った以上に強いのです。巻き髪ロングは、どれだけカジュアルなものを着てもエレガント度が高いまま。逆に、ショートヘアやまとめ髪にすると、女性性の高い、いつもならやり過ぎと思うドレスがいい塩梅で着られます。また、グレーヘアや明るい髪色、ウェービーヘアなどにしても髪のインパクトが下がって、お年を重ねても黒を優しく着られたりします。

髪と服、組み合わせのスタイルは大きく分けると3通りです。

(1)ボブや結んだ黒髪に強い色を合わせたインパクト大のスタイリング
(2)長くエレガントな黒髪に優しく明るい配色のシンプルスタイリング
(3)髪の印象を抑えてビビッドな色や形にチャレンジするスタイリング

是非お気に入りのスタイルを見つけてください。髪の印象を抑えつつ、地味な色・形で作るスタイリングは、全体的にぼやけるので避けましょうね。因みに私は金髪一つ結びなのですが「覚えていただける・白髪が目立たない・好きな全身黒が地味にならない」などの利点があり、不便もありますが利点のほうが大きく上回っています。

technic 41

大人の女性におすすめ、理想のショートヘアとは？

年齢を重ねて、髪のツヤやコシがなくなったと感じたり、うねりやパサつき・切れ毛が我慢できずショートヘアを選ぶ方は多く、美容院同行サービスで私もおすすめすることがあります。**トップにボリュームが出たり、うねりを生かしたヘアスタイルにできたり、頭身が上がるのでスタイルがよく見えたり、洗ってもすぐ乾くなど、利点は沢山あります。**

ロングヘアはスポーティースタイルが比較的難しいので、服の幅が広がらないという方は、ショートヘアにすると一気に解決するかもしれません。

芸能人でも、ショートヘアにして急に垢抜ける方は多いです。ロングヘアだと髪の面積に目がいって、装いを変えてもイメージが変わりにくかったりするのですが、ショートヘアは、顔の印象が大きく前に出るのでイメージが変わりやすく、インパクトも強くなりカリスマ性が上がるからでしょう。表情に人生が出る年齢になったら、魅力を出せるおすすめなヘアスタイルです。ただ、切り直さなければならない「惜しい」ショートヘアになっていることも。

まずは、前髪とサイドの髪を完全に分離して切っているパターン。子供時代のショートカットのような感じで、お年を重ねたお顔には合いにくく、野暮ったくなりやすいので、前髪とサイドの長さがグラデーションしているショートレイヤーヘアを目指しましょう。また、前髪を数本ずつ真っ直ぐ垂らすパターン。若い方の中では流行っていますが、年齢を重ねた方がやると生え際が薄く見えて年齢が上に見えてしまうのでNG。それから、襟足のボリュームを減らさずカットしてしまうとこれもまた野暮ったくなりやすいです。

なので、**まずは大人の女性が選ぶ理想のショートヘアとして、トップにボリュームを出し、前髪は重ため、もしくはおでこをしっかり出し、分け目は後頭部まで真っ直ぐ作らず、襟足はコンパクトにしましょう。**そうすれば、エレガントなショートヘアが実現し、カジュアルな装いもフォーマルも、どちらも似合いやすくなります。

ショートヘアをバージョンアップする方法として、**ヘアスタイリング剤（ワックス）を**

上手に使い、アシンメトリー（左右非対称）にスタイリングすることをおすすめします。女優の波瑠さんは大人の女性も真似しやすいショートヘアにされていることが多いですが、片方だけ耳にかけたり、見せるヘアクリップを着けたり、片方の前髪とサイドを大きく外に巻いたりしています。動きを出すことと、左右同じようにせず、パサついて広がっているように見せないことがポイントです。そのためには、耳付近の毛がバサバサでまとまらない状態だときちんと感が下がるので、ツヤをキープできるスタイリング剤で耳周りと襟足の髪をスッキリとまとめる。さらに、前髪はタイトに、頭頂部はボリュームをキープできるようにつけると、いつも切りたてのような素敵なショートヘアになります。

また、**ショートヘアにすると、イヤリングやネックレスなどのアクセサリーをより楽しめるので、お顔や首周りも華やかに見せることができます。**

そして、昔からしていたかのような、こなれたショートヘアにしてくれるのは、ショートヘア専門の美容院。インスタグラムなどでもそう名乗っている美容師さんや美容院が沢山あります。日々スキルを磨いて最新を知る美容師さんに切ってもらうと、ビックリするくらい洗練度が上がるので、本当におすすめです！

第２章

春夏秋冬、
おしゃれな大人の
年間スケジュール

「季節が変わる前にアレを買い足そう」
「○月のセールを待ってお得に買おう」
ファッションの一年間の流れを把握して計画的に
揃えておけば、焦って買って失敗して
「たんすの肥やし」を増やさずに済みます。
新しいものをお迎えするなら
１着処分するくらいの気持ちで！

春

予算を決めて選ぶ、新しい季節のためのひと揃え

季節の変わり目、特に春は、新生活に向けての装いを準備する方も多いかと思います。ショッピング同行のオファーをいただいたお客様にお目にかかると、少し不安だけど楽しみが勝っている表情に、なんだかこちらまでワクワクします。

この季節になると思い出すのは、数年前の春、町工場を経営する60代の女性から届いた一通のメールです。「亡くなった主人から工場を引き継いで以来、長い間、必死に働いてきました。服は毎日作業服。オシャレなんて考えもしない日々でした。でも、後継者ができ、これからは自分らしい服で人生を楽しみたくなりました。手伝っていただけませんか？」という内容でした。

さっそく、普段こんな風に過ごしたいというイメージ、お人柄、お住まいのこと、行動

を共にするご友人や行きたい場所等のヒアリングをして「新生活応援セット」のようなひと揃えを一緒に準備しました。今までは旅行に行けず「夢はワンピースでクルーズ」と仰ったので、ワンピースとネックレス、羽織りを軸に「周りに褒められるちょっとだけよそ行きおしゃれ服」を提案。それに加え、穿き心地のよいパンツや写真撮影の際サマになるトップスも（1週間の旅行服を準備すると考えると、案外お手持ちがいいラインナップになります）。お客様のこれまでのご苦労に涙しそうになりながら、精一杯提案した場面を、いまだに鮮明に覚えています。

入学・就職・転職・結婚・引越し・セカンドライフのスタートなど、新しい環境に移るときのひと揃えは未知で難しいです。そうでなくても、単純に季節の変わり目に気分を一新させるような服を揃えたいとき、予算や何をどんな風に買おうか悩まれる方も多いと思います。

もし、無計画に目についた服を買っているとしたら、予想以上にお金を使っているかもしれないので、あらかじめ買うアイテムを決めて、予算組みをするのも一つの手です。私が決めていいなら、まだ肌寒いタイミングでもあるので、**厚地の春色トップス2枚、春に履く靴に合わせられるボトムス2枚、コートなしで着る一枚でサマになる羽織り、使い勝手のいいワンピースを買います。そして、コートを脱ぐ時期のためにアクセサリーも買い**

足します。春夏は汗もかくので、リーズナブルで心おきなくジャブジャブ洗える服がいいですね。対して、**少しお金をかけてほしいのは「靴」。**他がプチプラだとしても、プチプラ靴は、大人の女性にはNGです。服は、組み合わせなどで見せ方の工夫ができますが、靴はそれだけでの勝負で、なおかつ、この季節は服で隠れず丸見えになるので、よし悪しがしっかりわかってしまいます。靴こそ木型や素材が合い、かかとがまっすぐで安定していて、手入れをして長く愛用したくなるようなお気に入りのデザインがあるお店を見つけて、夏冬のセール等をうまく使ってゆっくり丁寧に集めていけるといいですね。

この買い方はあくまで一例なので「ご自身がどういう服を着たとき幸せを感じるのか」で、どこに予算のボリュームを置くかを決めてください。華やかなトップスを着ると気分が上がるなら、上半身に予算をかけてみてはどうでしょうか。そしてもし叶うなら、**一気に今年らしくなる流行のアイテムに、プチプラでチャレンジできる予算も取っておいてください。**「意外とイケる！」と思ったら、次回、好きな素材感で少し価格帯を上げて購入すれば、それがあなたの「名刺服」になることもあります。クローゼットに新しい風が吹くこと間違いなしです。

春

卒業式に入学式、謝恩会。春の行事では何を着る？

卒業式・入学式などのいわゆる「オケージョン服」は2月の春物の立ち上がりから展開はしているものの、この時期は服選び以外にやることがいっぱい。それどころではない、という気持ちもわかりますし、近所の学校だから着飾ってもね、というお話も聞きます。しかし、「着飾る」わけではなく、これは「フォーマル」なのです。子供の門出をお祝いする大事な日の装い。**節目にきちんと装える大人でいましょう。**

実際、お着物やスーツで式に参加される方に対して「やり過ぎじゃない？」というような感情は生まれません。きっとお子様のことも大事に思っていらっしゃるのだろうなと感じます。着飾って見えてしまうとしたらそれは、その場に相応《ふさわ》しくない派手さがあったり、メインのお子様を差し置いて自己中心の装いをしている場合だと思います。

これまでにも沢山、このテーマでテレビ出演や取材がありました。それだけ皆さんが頭を悩ませているということ。卒業式が終わったらすぐ入学式、さらに間に謝恩会などが入ると、それぞれ少しアレンジして着回したいという事情もありますよね。

私のおすすめは、**入学式をメインにコーディネートを作り、卒業式はそのアレンジパターンにすることです。**今は桜の時期が少し前倒しになっていますが、入学式は桜をバックに外で記念写真を撮ることが多いので、そこに映える装いで。**ツイードのシルバーグレーのジャケットに白のワンピース**などいいですね。

そして**卒業式はそのジャケットにネイビーワンピース、謝恩会ではジャケットなしでネイビーワンピースをアクセサリーで華やかにすると、動きやすく汚れにくいです。その際、屈んだり座ったりも多いので、着丈は、しっかり膝が隠れるくらいのものがいいと思います。**

いずれもまだ寒い時期でもありますし、最近はパンツスタイルの方も見かけます。フォーマル度は下がりますが、お子さんが小さいときはパンツだと動きやすいと思います。

アクセサリーはパールや、コサージュ。お祝いの席なので、パールは何連でもＯＫです。またコサージュは市販のものを探される方が多いですが、東京堂などで好みの造花を購入して作るのも個性的且つリーズナブルでいいと思います（私もそうしました）。**バッ**

グは靴とお揃いの色のフォーマルなものを。ブランドロゴが目立つものは避けましょう。

そして、親子三人で出席できるなら是非やっていただきたいのは、お子様の服や小物・ヘアアクセなどの色と、お母様の服か小物の一部の色、お父様のネクタイやチーフの色をリンクさせること。一体感が出てとても素敵です。写真でも映えますので、トライしてみてください。

入学式や卒業式の写真はどのご家庭でもずっと残りますよね。自分の小さい頃はどうだったかなと改めてアルバムを見てみたら、洋服好きな母が私に真っ赤なワンピースを着せてくれていました。それに合わせて母も朱赤のリップ。今写真を見ると、家族が祝ってくれているのを感じ、嬉しくなりました。母に感謝。アルバムをめくりながら、忙しくて娘のアルバム作りがなおざりになっている自分を反省しました。彼女の高校卒業までにはアルバムを完成させてサプライズプレゼントするぞ！

春（秋）

季節の変わり目に何を着る？春秋兼用で使える羽織りとは

先日、雑誌の企画で初めてのお客様のワードローブチェックを行いました。クローゼットを見ると冬のコート、トレンチコート、長袖のニットはあったのですが、春秋に着られる合着《あいぎ》のような羽織りがゼロ。聞くと「似合うものが探せなくて」とお客様。春服の優先順位が低いお客様は意外にいて、何がそうさせているのか考えてみると……「ゴールデンウィークの旅行用に買ったけれど、普段のテイストと合わずしまい込んでいる」、「春服に替えたと思ったらゴールデンウィーク、お休み明けには夏服と実は純粋な春服で出勤する日数が少ない」、などの理由から、ごまかしごまかし装っている方が多いのです。

また、少し暑くなってきてから冷房避けで羽織りを持とうとすると、コンパクトで袖があることが条件で、デザインよりも機能を優先して愛着が下がったり。秋も、近年は肩線が落ちていたり、袖幅がしっかりあるニットなどが多く、上から何かを羽織るのが難しいという声もありました。

私の春秋の登場頻度ナンバーワン羽織りは、袖付きポンチョ。袖幅がしっかりあり、身頃もたっぷりなので、中に何枚着てもどんなものを着ても、どんな体型の方でも万能です。ノーカラーで、ややAラインのライトコートやロングカーディガンのようにも見えるので、目が慣れればとても使いやすいアイテム。**「袖付き」と「お尻がギリギリ隠れるくらいで長すぎないもの」というのがポイント**です。

大判のストールだと「上着」として安定しませんが、少し広がった袖がついていると、きちんとした羽織りになります。そして、長すぎると動きが制限されたり軽く羽織れるものではなくなったりするので、スカートにもパンツにも合わせられるような着丈のものがいいと思います。フリンジがあるとカジュアルになるので、気になる方はないものを。形的には体が大きく見えやすいので、華奢な手首を出せる袖丈を選びましょう。

さてそれはどこで買えるの？　インポートのショップでは、端境期には必ず用意がありますし、価格や雰囲気（エレガントなものからカジュアルまで）もそれぞれ揃っています。馴染みがない、と思う方もいらっしゃるかもしれませんが、実は、お着物の羽織に形がよく似ていて、日本人にとっては似合いやすいものだと私は思います。

また、**エコレザー（環境に配慮し、天然皮革を再利用した革素材）やフェイクレザーのジャケットもおすすめです。特に春に出るレザーは薄手で軽く、春にも秋にも重宝します。**最近のトレンドに合わせて同じサイズでも袖幅がゆったりとできていますので、「レザーはタイト」というイメージのある方こそ、最近の春レザーは本当におすすめです。タック入りのワイドパンツやワンピースを合わせたりすると、体型も拾わず着られますよ。長持ちさせたいなら耐久性のあるエコレザー、耐水性やお手入れの楽さを考えるならフェイクレザーを選びましょう。**ノーカラーで薄手で優しい色であれば、ブルゾンやカーディガンよりきちんと感があり、春でも秋でも、オフィスによっては十分に羽織れると思います。**

羽織りは作る側も予算をかけられ、毎年一番進化するもの。替えるだけで去年と同じコーディネートでもイメージがガラッと変わります。是非袖を通してそれを体感してみてください。

春〜夏

ストッキングだと暑い！　夏の膝下どうする問題

冬はタイツで脚周りは万全！　だった方も、暖かくなりタイツを脱ぐ時期になるといきなり直面する「スカートの膝下どうする」問題。つまり、春夏にロングでないスカートを穿く際に、見えている脚の部分をどう始末しよう、という話です。

ある程度の年齢になると、血管が浮き出たり、白い脚が引き締まらず生々しく見えるのは私も体感済み。かと言って暑くなったらストッキングは穿きたくない、というような場合、どうしたらいいのでしょう。

私は撮影の仕事などでもよく使っている脚用ファンデーションのスプレータイプを愛用していいます。「エアーストッキング」や「ヌルスト」（塗るストッキング）など色々なネーミングで出ている脚用ファンデーション。今は、カラーバリエーションも豊富で、洋服など当たった部分にも思った以上につきにくいです（心配な方は一度ティッシュオフされるといいかもしれません）。

ご自身のお肌よりもワントーン濃いものを塗れば、生脚の弱点である傷跡などのカバーにもなりますし、脚が心なしかスッキリ見え、美脚になった気分も味わえます。感覚的にはボディクリームや日焼け止めスプレーをしているのと同じですし、それを塗れるなら塗れるはず。一度試してみてください。

一点だけ注意。**意外としっかり塗れていないのが膝と膝裏。ここに一番年齢が出ますので、入念にお願いします。**私はこれで綺麗な素足風を演出したうえで、パンプスやサンダルを履いています（ただ、膝が見える丈のスカートの際は、安心のために長めの羽織りをプラスしています）。

素足では寒いという方や、エレガントにスカートを穿くシチュエーションの場合は、やはりストッキングがベストかなと思いますが、ナイロン素材のものに少し不快感を感じるという方は、綿混やシルク混などで蒸れにくいものもありますので、素材を吟味するといいのかもしれません。

また、**カジュアルな膝丈のワンピースに裸足でサンダルを合わせたい場合は、私は思い切ってカラーレギンスを穿いています。**最近は黒い服にオレンジや、グレーに黄色、ネイビーにグリーンやパープル、ロイヤルブルーのワンピースに同色のレギンスを合わせることが多いです。脚元が明るいので、座っていてふと目を落としても明るい気分になれます。黒やグレーなどが主流だったレギンス黄金時代とは違う使い方ですが、使い勝手がいいので残っていきそうで、この方法、おすすめです。

日本でもカラーレギンスはランジェリーやインナーウェアを扱うブランド**「インティミッシミ」**などで見つけられますし、また意外と重宝なのが**「ユニクロ」**のヨガ用レギンス。生地もほどよい厚さで頑丈で、私は、発色が綺麗なブルーを愛用しています。

やはり**絶対的に脚は出したくない！　という方は、定番のロングスカート＋生脚＋サンダル、もしくはソックス＋スニーカーを是非極めてみてくださいね。**

女性は男性に比べてアイテムのバリエーションが本当に多い！　でも「だから困る！」と思うか、「よし！　格好いいコーディネートを考えてみようじゃないの！　腕が鳴るわ」と思うかで、その後の人生の着こなしの幅が大きく変わってくるのだと思います。

夏（梅雨）

自分のニーズを理解して選びたいレイングッズ

6月が近づくと一斉に登場するレイングッズ。もともとは、雨が多いと言われるイギリス（本当は曇りやにわか雨が多いだけでそこまで降らないのですが）で生まれたマッキントッシュがレインコートの起源のようなもので、当時、天然ゴムを二枚の生地の間に塗り、熱で圧着加工したこのコートは、防水性が高くとても画期的なものでした。

そこから様々な形に進化してきたレインコートは、アパレルの展示会に行くと、カラフルなものや見ていて楽しいものも多いのですが、どちらかというとスポーティーだったり、アウトドア風で機能性を重視したものが多い気がします。カジュアルスタイルをあまり着ない方は、中に着ている洋服との相性に悩んだり、それで仕事に行くイメージにならなかったりして、レイングッズの選び方で迷うことも多いようです。実際「選んでほしい」というご相談も多いアイテムです。

たまたま先日、転職を控えたお客様のスーツのショッピングに同行していたのですが、横でスーツ用のレインコートを選んでいる方がいました。「濡れないように」と「きちんと感」を両立しなくてはならない状況だと、確かに必須アイテムだと思いました。冠婚葬祭向け、お受験引率向けなど、ニーズに特化したものも売っていて、考えてみれば私もJAL時代は制服の上に着るための撥水コートを持っていました。

用途別に何着も買う必要はないのですが、**「私ならではの、濡れたくないシチュエーション」へのこだわりを叶えるレインコートを購入するためのヒントとして、ご自分の一番のニーズを考えてみましょう。**それには「5W1H」(When, Where, Who, What, Why, How) を使ってみてはいかがでしょう? 「なぜ着る (Why)」はもちろん「濡れたくないから」ですよね。そして「いつ (When)」。お仕事で外回りが多い方や春・秋の着用がメインという方は、撥水機能付きで晴雨兼用タイプになっているトレンチコート、オフィスへの通勤の場合はアパレルブランドから出ているおしゃれ撥水コート (これらは春先に各ブランド店頭に出回るので、是非7月の春夏セールで手に入れましょう!) にしたり。夏に雨の多い地域の方は、通気性の高い薄手ポンチョにレインブーツがいいでしょうし、冬の雪除けならアウトドア用品店などの機能性バッチリのアウターにスノーブーツがいいでしょう。

もしくは「どこでどうやって着たいのか（Where/How）」を考える。私の「濡れたくなかった場所」は娘の保育園時代の送迎の道。小さい娘から目を離せず、自分のことは後回しだった時代です。雨の日はママチャリ＋レインコートスタイルだったのですが、顔や手元が結構濡れるなと思ったので、視界を遮らないような透明のバイザー（つば）が付いたフード付きで、手首付近もゴムでしっかり締まるものを選びました。その後バタバタと仕事に行くので汗をかかないよう通気性のいい素材感のポンチョタイプにし、泥はねが目立つのも仕事上避けたいので濃い色柄にしました。そして大事なのは、**不要なときにしまえる高機能ケースや、生乾き臭ケア。原因となる細菌対策には、酸素系漂白剤でのつけ置き洗いが有効です。**

傘で視界が遮られ、気分も少しジメジメする雨の日。できれば、少しでも明るいものを着て、テンションも視界も良好にしたいですね。

夏

大人のTシャツ選びは体型に合ったものを

娘が小学生のとき、クラスTシャツやPTA役員のTシャツのデザインをする機会がありました。注文を取ると、オーバーサイズ気味に着たい人、ジャストサイズで着たい人、コンパクトに着たい人に分かれ、そして皆さん、ちゃんとそれぞれの体型や肌の色、いつも着ているボトムスに合わせて選んでいました。私自身はというと、体に厚みがあり胸もあるので、クラスTシャツのような比較的普遍的な形のものをただ着るのは苦手意識があり、自分がデザインしたものをさらにリメイクして着用したことを覚えています。

大人のTシャツ選びは、実は体型との相性のセオリーが他のアイテムとは少し違う、唯一のケースかもしれません。私のような体型の方は、他のアイテムならハリ感のあるものを薦められることが多いと思いますが、Tシャツにおいてはそこまでハリのない生地感で、バストから裾にかけて筒状にズドンと落ちたりフレアになったりしないもの、一枚できまり、体をスッキリ見せるディテールのある変形タイプのものがいいと思います。デザイン性の高いカットソーのようなTシャツということですね。体に厚みのある体型の方は二の腕や首もしっかりしていることも多いので、VネックやUネックで袖丈がしっかりあり、着丈は長すぎないものが理想です。**「リュクスアーモワールカプリス」**はその辺り、豊富なラインナップだと思います。

また少し骨張っている方は、袖が異素材で作られていたり、肩から肩線がずれていたりしてレイヤードの雰囲気を出せるブラウスのようなTシャツがお似合い。着丈は短くても長くても着こなせます。**「デシグアル」**などは生地も適度に柔らかいのでおすすめです。

上半身が下半身に比べて華奢な方は、コンパクトなTシャツでしっかりした生地のもの、鎖骨が出ない首の詰まったものがおすすめです。**「スリードッツ」**のものなどがお似合いだと思います。

それぞれの体型に似合うものを選べるなら、ハイブランドのTシャツをセレクトするのもあり。**「コムデギャルソン」**や**「メゾン マルジェラ」**、**「ロエベ」**、**「セリーヌ」**、**「マルニ」**などのTシャツを上質なボトムスにあわせてさらっと着るスタイルは、大人ならではの旬な着こなし。ハイブランドなら、少し面白いキャラクターや可愛いデザインでも、茶目っ気があって大人の余裕を感じます。

また最近は、Tシャツを前だけ、または全てタックインして着るなど、着方も増えていますが、適度な広がりのフレアスカートやタックパンツに合わせる場合は前だけタックインして後ろを出し、大胆に広がるチュールスカートや逆にコンパクトに着るタイトスカートなどの場合は、全部タックインしたほうが美しいと思います。**前だけタックインする場合は、一度全てインしてから少しずつ引き出し、ウエストの前部分に膨らみを持たせるブラウジングをして、正面部分の幅3分の2を残して出してください。**それがタックインのベストバランスでヒップ部分のカバーもできます。

またTシャツだけだと心許ない方は、その上にさっと羽織れるカーディガンやジャケット、大人の女性を感じさせるイヤリングやネックレス、バングル等があるとワンマイルウエア以上の大人カジュアルになり、素敵だと思います。Tシャツにトライする際は、そんな小物も一緒に見つけて、合わせて楽しんでみてくださいね。

夏

大袈裟にならない帽子の選び方のコツ

国内外の帽子を多く展示・販売する「ハットマニア」というイベントで、帽子とファッションの相性についてのトークショーをしたことがあります。**帽子を積極的に楽しんでいる沢山の方々にお会いできたのですが、その際に、言葉・行動共にパワフルでエレガントな方が多いという印象を受けました。**帽子をおしゃれに被られていることが自信を増幅させているのかなと感じます。皇室の方の行事の際のお帽子も、フォーマルで素敵ですよね。

ただ、靴を脱ぐ文化の国で一般的には帽子選びは苦手な方も多く、この時期は「選んでほしい」というオファーが増えます。頭に被るものなので、服や体とのバランスを考えてトータルで似合うものを選ぶのはなかなか難しいものです。

うちの母にも定期的に帽子選びを頼まれるのですが、母の希望は「完全遮光（UVカット）でおしゃれなもの」。母の手持ちの服を知っているので、素材感や色みを合わせてセレクトしています。脱いだときに髪がぺちゃんこになってしまうのも気にしていたので、クラウン（上部）が比較的高いものを選びますが、それでも頭頂部が寝てしまうときは、寝癖直しのミストなどを使い、立ち上げてもらっています。

帽子の種類は120種類ほどありますが、帽子売り場で目にする代表的なものと言えば、麦わら帽子・カンカン帽・女優帽（つば広帽子）・中折れ帽・ベレー・バケットハット・キャスケット・ベースボールキャップ・ニットキャップなど。前半の五つについては、エレガントにもカジュアルにもクールにもシチュエーションを選ばず使うことができ、後半の四つの帽子は、カジュアルなシーンに似合うものです。

ポイントとしては、**足元にヒールを履いて似合うかどうかを想像すると、その帽子がエレガントなシチュエーションでも着けられるかどうかがわかります。**後半のアイテムは日常使いのイメージもあり、ご自身でも選びやすいと思いますが、前半のエレガントさを持つ帽子は選び方で大袈裟に見えてしまいがちです。そこで、そう見えないようにするためのコツをいくつかお教えします。帽子を選ぶ際にチェックしてみてください。

（1）よく着る洋服の印象からあまり離れないもの（細かい編み地の麦わらはエレガント

に、粗い編み地のものはカジュアルなものと合わせる、など)。
(2)身長とのバランスを考える(つばが広い帽子を被るときは、ヒールなどでバランス調整)。
(3)リボンや大きいポイントのあるものは手持ちのアイテムやシチュエーションに相応しいか鏡で確認する。
(4)帽子の表は馴染ませカラーで、裏地は似合う華やかカラーなら、服にも馴染み、顔映えもバッチリ!

また、被り方も大事。カンカン帽やベレーなど**浅いタイプのもの以外は、大人の女性は眉上あたりまで隠れるように目深に被ったほうが素敵です。**またその際に必要なのが、おでこのファンデーションがつかないように帽子の内側に装着するファンデーションガードテープ。素敵な帽子を長く愛用できるようにケアにも気を遣いましょう。

私がよく被ったのはスタイリストになりたての頃。当時ハンチングをよく着け、全く足りていないスタイリストオーラをそれで補っていました。洗練度が一気に上がったり、つばを大きくすると小顔に見えたりと、嬉しいことも沢山な帽子。本格的な夏が始まる前に、自分と服に合う帽子を是非選んでみてください。

夏

大人のサンダルの選び方、三つのチェックポイント

サンダルは夏場の足元を新鮮かつ軽やかなスタイリングに見せてくれます。パンプスだとなかなか足に合うものを見つけられない方も、サンダルなら履けるということもあるので、是非チャレンジしてほしいなと思います。大人のサンダルの選び方その1は**「ほどほどに肌見せ」**。何本かの細めの革ベルトで足を覆うタイプのグラディエーターサンダルやグルカサンダルは、靴で曲がってしまった指や甲の青筋、外反母趾が目立ちにくいので、肌見せとカバーを両立できます。パンプスよりも覆われている面積が小さく、足に馴染みやすいので、購入時はタイトめなものを選ぶといいです。

その2は**「安定感」**。足首部分が太い生地でクロスになっていたり、甲がしっかり覆われているバックストラップのものだと歩きやすいです。立った状態で左右に足をぐらぐらさせてみて、重心が安定しているかも確かめてみてください。

そして、抜け落ちやすいその3が**「ソール（靴底）」**。最近のトレンドのスポーツサンダルだと、軽いＥＶＡ樹脂でできているアウトソールが多いのですが、固くてかえりが小さいものは踏ん張れずに滑りやすく、柔らかくかえりがいいものは滑りにくいという特徴があります。**履く前に触ったり少し曲げてみたり、つるつるしたフロアで試着してみてください。**このスポーツサンダルは、ストラップに面ファスナーが付いていることが多いので、自分の甲や足幅に合わせやすく快適で、また、他のサンダルよりは靴下を合わせやすいので、寒がりさんにはおすすめです。

これらの条件を満たすようなサンダルだと、足元が少し重たく見えるので、黒のサンダルなら手首や首元を見せましょう。手首や首元を見せないコーディネートが多いなら染色していないナチュラルレザー、もしくは明るいカラーをチョイスしてみてください。素材は、柔らかいレザーや布、程よい強さのゴムだとフィット感もあって履きやすいです。足首の細い部分がしっかり出て綺麗に見えるミュールも個人的には好きですが、エレガント、もしくはユニークなデザインのものを選ばないと、「ちょっとそこまで」のつっかけサンダルに見えてしまうので吟味してくださいね。私が愛用しているのは**「ユナイテッドヌード」**のもの。ユニークで安定感もあり、必ず褒められます。

そして、サンダルスタイルの総仕上げとしては、**ペディキュア&ケアしたかかとで履くことと、ショートソックスを携帯しておくこと。**私もサンダルの日は、急に靴を脱ぐ際にさっと穿けるようにソックスを持ち歩いています。

冷房による冷えもあるので、靴下は穿いていたいという方もいらっしゃいますよね。最近は、夏場にストッキングは穿きたくないという方も増え、パンプス用の薄手でオシャレなものも店頭に並んでいます。靴下専門店で見てみてください。

以前NHK『あさイチ』の靴下特集に出演した際にも言ったのですが、私は、靴下は断然「差し色」派。洋服をおとなしめにしてカラフルな靴下をチラ見せさせるか、洋服に入っている色の靴下を穿くようにしています。服好きは、靴下にどうしても目が行ってしまうものです。実は、私自身は以前、他の人を見て可愛いなと思うことはあっても、パンプスに靴下は絶対にやらないと思っていました。でもやってみると、色々なスタイルに合うし、何より、テレビに映る自分を見て「お！　意外とイケるじゃない」と、あっさり食わず嫌いが直りました。**トライした人しか、自分が知り得る好みの向こう側には辿り着けないのです。**

夏

とりあえず買いはNG！旅支度の必須アイテム

行き先を想像しながらする旅支度はワクワクしますよね。私も元CAという仕事柄、旅支度の回数はかなり多かったです。そこで今回は私的必須アイテムをご紹介します。

海に出かける方は、楽しみつつ日焼け対策したいですよね。水面の乱反射や日焼けから目を守るため、サングラスは偏光レンズでかけやすいものを事前に選んでおきたいところ。折り畳めるUVカット機能付き帽子も欲しいですね。そして、それに合わせられる、水着の上から着ても大丈夫なワンピース。股下が透けて見えるくらい全体的に透け感のあるワンピースは大人の女性には似合いにくいので、中に着られる着丈の長いロングスリップも併せて準備しておくといいでしょう。

旅先だとレギンスは足の冷え予防にも重宝します。ワンピースやスカートの色にもよりますが、グレーやネイビーは暑苦しく見えず使いやすいです。また私は、素敵なビーチサンダルを見つけたら購入し、ホテルの部屋で履くスリッパ代わりにします。水に濡れても大丈夫なサブバッグも準備しておきたいですね。水着売り場は、持っていくと便利そうなものが並んでいるので、旅行前に覗くのもおすすめです。因みに、**「San-ai（三愛）」はどの季節でも水着が買えます。**

街中の観光で必要になるのは、なんと言っても、カーディガン。先日クローゼットチェックに伺ったお宅ではアンサンブルニットが大量に出てきましたが、そのお客様は「なんとなく必要かと買い足してきたけれど、どれを羽織ってもとりあえずな感じがして全く気分が上がらない」とこっそり処分を決意。その代わり、同行ショッピングの際に、シワにならず、上下逆さまにすると着丈の変化が楽しめる変形カーディガンを提案。一粒で二度美味しい一軍カーディガンとなりました。**穿きやすく、速乾性のあるパンツもあるといいですね。**アクシデントで汚れても、さっと洗って浴室に干しておけば、旅行中また穿けます。

靴は、歩きやすいものと素敵なレストランに行けるような靴、2足あると困りません。今はスニーカー売り場もとても充実していて、用途別でソールの厚さや形状が違うものが沢山出ています。販売員の方に用途を伝えて快適なスニーカーを事前に選んでおき、**履き**

慣らしてから旅行に使いましょう。歩く旅行で靴が合わないのは地獄です。

ここまで重宝なアイテムを書いてきましたが、注意してほしいのは、いずれも「とりあえずの旅行アイテム」「年に数回のみ着る旅行用アイテム」にしないこと。旅行にも着られ、普段のカジュアルとしても使えるものを持てば、服も増えませんし、旅行用感満載の格好の旅先の写真が残ることもありません。

そして、どんな旅先でも私が街歩きの際に楽しみにしているのは、**その街に根付いた、所謂《いわゆる》「ブティック」を見つけること。近所のお店では探せなかった掘り出し物に出会えそうでワクワクします。**それらのお店で現地調達するものは、旅の思い出にもなり、お値段も手頃なアクセサリーやサンダル。普段着ている洋服に非日常気分を足すこともできますし、よりナチュラルメイクになる旅先では、ネックレスやイヤリングがアクセントになってくれます。ジュエリーケースを見ながら思い出に浸るまでが、旅のワンセットですね。書きながら猛烈に旅に出たくなりました（笑）。

夏〜秋

秋以降にも使えるものを、夏のセールで賢く購入

セールが始まると、一日で3〜5名の方にお会いし、ショッピング同行をします。現在はアパレル会社の事情でセールの期間が長くなり、以前のような大混雑や賑わいは少なくなったとは言え、今も昔も変わらず7月と1月は、私達が一年で一番忙しいタイミング。
今日は、靴のサイズが26センチの女性とご一緒しましたが、「このサイズがずらっと店頭に並び、どれにしようかな♫と選べるのは実はセールの時期だけなので楽しい」、と言いながらパンプス1足とサンダル2足、計3足購入されました。

夏のセールで買う物のおすすめは「今（夏）と秋に使うもの」。この方の例で言うと、サンダルが夏用、パンプスは秋以降用のイメージです。夏物は本当に足りないものだけを購入し、すぐに使える満足感を得る。しかしそのアイテムは夏が終わるとしばらく出番が

ないので、素材や雰囲気的に来年以降も使えそうなものか、着たいものかを吟味して買いましょう。**セールには「冷静な判断力」と「先を見越す力」がマストです。**

皆さん一様に「季節の変わり目用」の洋服がない！　と慌てるのですが、**夏から秋にかけての服を選ぶポイントは薄手で秋色のものにすること。**この時期は真っ白のトップスが難しいなと感じたり、生足に違和感を覚えることがあると思うのですが、最近は、暦は秋でも残暑の時期が長いので、秋を感じる色ながらも暑苦しくない服やパンプスをセールで是非準備してください。

夏服に秋色のストールをさらっと乗せるのも、一気に秋の装いになるのでおすすめです。そうすれば、夏に買い物や旅行で散財してしまっても慌てることはありませんし、秋らしく新しいコーディネートをスムーズに楽しむことができます。そして本格的な秋になったときには既に今シーズンの雰囲気を掴んでいるので、手持ちの服を今年らしく着こなせ、先取り感が出たり、秋冬に買いたいものが明確になるはずです。

セールの時期はお得に次のシーズンのものを揃える、と決めてしまうのもとても賢いお買い物の仕方です。また緊急性はないけれど必需品で、値段が下がっていると嬉しいものもセール期間中にチェックしたいですね。たとえば、ジュエリーやベルト、傘やサブバッグ・ハンカチ・ポーチなど。私もショッピング同行の合間に少し時間が空くと、好きでセールを覗きますが、小物は他の人が手を出して来なかった掘り出し物に巡り合えることも多く、つい買ってしまいます。必要な時期が必ず来るアイテムなので、結果愛用していきます。

ただし新しいものを一着迎えるなら、一着処分するくらいの気持ちで。セールにお出かけの際はクローゼットの中をチェック&整理し、手持ちの服を把握してからにしましょう。**何と合わせるのか不明なアイテムは買ってもたんすの肥やしになります。**

ちなみに私は今年のセールで、猛暑のアテンドを楽しく乗り切るためガンガン洗える柄ワンピースと、一日中歩ける商売道具の靴、秋にも使える黒の羽織り、そして母に、趣味の旅行に連れて行けない代わりに、以前旅先で欲しがっていたバッグを購入しました。

私達スタイリストは、毎日のお客様への素敵なアイテム探しの中で、沢山の魅力的なものに出会ってしまいます。「全部買うの?」とよく聞かれますが、そうすると破産してしまうので、**3日後もまだ欲しいと思っていたら購入、その時点でなくなっていたらそういうご縁だったのかなと思うようにしています。**

夏〜秋

長い夏、お盆を過ぎて季節感を出すには？

お盆が明けても最近は猛暑が続く日本。8月後半に秋物を着て接客する馴染みの販売員さんを見ても、あまりの猛暑にまだ着るのが大変そうで、プロでもなかなか食指が動かなくなってきています。お客様に提案する際も、天気の長期予報を見て「今年も9月いっぱい暑いみたいですね」と毎年のように言っていて、四季の移ろいも時期がずれてきているのを感じます。

それでも8月後半になって夏のセール商品と秋物がショップに混在してくると、不思議なもので、これまで大活躍していた真っ白のトップスやスカートに急に違和感が出てきます。それは、日も少し短くなり、周りの緑も色に変化を帯びてくるから。瞳の感覚は正直で、秋色を少しずつ欲し始めるのですが、生地が厚いものはまだ着られない。**ここで活躍**

するのが晩夏アイテム。1月の終わりに出てくる「梅春物」(冬物よりは春らしく明るめな色づかいで、春物よりは厚手）の8月バージョンです。

もともとニッパチと言って、2月・8月は洋服が売れないと言われ、その打開策で合着を出そう、という部分もあったのですが、日本のように四季がある場合は、この合着となる「移行服（梅春・晩夏アイテム）」が実際に重要で、四季のない海外からのお客様から、とても素敵な服の着方ね、羨ましい！　と言われることも。

ただ、体感的な秋に移行する時期がずれ込んでいるので、この晩夏物が最近どんどん薄手になってきています。冬から春の移行服は重ね着で対応できますが、夏から秋のそれは枚数では対応できず、「いかに涼しく秋らしさを感じられる服を着るか」がポイントになってきます。

今よく提案している移行服アイテムは、透け感のあるメッシュやオーガンジー素材を使ったダークカラーのカーディガンやシアーシャツ。Tシャツに羽織るだけでも秋感が出ますし、中にタートルネックなどを入れると、気温変化に対応できます。深い色で丈長のシャツワンピースも、羽織りになったり、ショートブーツと合わせれば秋のワンピースとしても活躍。また上からベストやレザージャケットなども羽織れて、移行服としてはとても優秀です。

色自体のチョイスや、上下の配色を変えてみるのもいいですね。たとえば、カーキには、シルバーや白・黒など強い色でコントラストをきかせて着ていたのを、マスタードやパープルなどこっくりした色を合わせるなど。少し色を濁らせると一気に秋感が出ます。白をアイボリーやベージュに、赤をえんじに、オレンジを柿色に、黄色をマスタードに、水色をティールブルーに。配色で言うと、その時期の店頭では、パステルカラーに白などの合わせから、茶色や濃いグレーとの合わせに様変わりします。移行服は、全身総とっかえでなく、相方を変えたり、濁りのある色のものや涼しいけれどダークトーンのものを加えたりして、簡単に取り入れられます。

さらに、涼しげな色から秋色のストールへ、柄もストライプからペイズリーに、ネックレスもクリア素材からウッド調やこっくりとした色のものにチェンジすれば、効果てきめん！　絶妙な秋色ストールの展開が多い**「ÉPICE」**などは、大人の女性におすすめです。「去年の初秋は何を着ていたっけ？」と思う人は、この移行服や小物使いが苦手な方が多いです。季節の移ろいを楽しむ達人になりましょう。

秋〜冬

これで失敗しない！ 予約販売で季節を先取り

秋冬物なら、通常、7月あたりから始まっている予約販売・受注会。デザイナーズブランドに多く、受注会は特に少ないロット（生産量の単位）で製作しほぼ完売させ、それが話題になることも込みの販売方法です。特別感をくすぐりますが、今欲しいものをそのときのフィーリングで買いたいタイプだった私は、「divka」というブランドに出会うまでは、先行予約は全くしたことがありませんでした。

このブランドに仕事で関わって品質のよさや唯一無二のデザイン性を知ってからはコート、パンツなど、春夏物含めこれまでに3回注文しています。

受注販売は、ショップ側にとってはあてもなく大量生産をしなくていいので服を余らせることはないし、次シーズンのラインナップを、余裕を持って見てもらう機会にもなります。また、予約の動向で、オンシーズンにはどんなものが実際に売れそうかマーケティングもできます。消費者側は、先行するタイミングで見るアイテムに新鮮さを覚えてワクワクしますし、予約購入できた際は優越感も得られます。もし購入できなかった場合も次回の販売を待ち望むようになり、案内が来たらすぐ注文。そしていつの間にかリピーターになりファンになっていくのです（私もそうでした）。既製品でありながら、パターンオーダーのように色やディテール・サイズを選べることもあるので、さらに特別感が増しますよね。

でも、この買い方で大事なのは、手持ちのアイテムについてきちんと把握してオーダーすること。着られる時期になって本当に着るのか心配な方は特に、です。

今回私は、柄のセットアップをオーダー、7月末に届きました。トレーナーのようなトップスはどのボトムスにも合いますし、人と被りにくい柄は職業柄助かります。ミモレ丈のスカートは春夏には着ませんが、秋冬に愛用しているロングブーツを主役にしたいからこそのチョイス。シーズン前に冷静にセレクトしたのでケアして長く沢山着ること間違いなし、となるとそれはもはや「勝ち確」アイテムでしかないのです。そして、**私は必ず試**

着して写真を撮ります。そうしておくと、手持ちのものや買い足しアイテムで、来たるシーズンに向けて時間をかけてコーディネートを組めますし、季節が変わったらすぐに活用できます。

予約して手に入れたアイテムをキーアイテムにして、クローゼットに新しい風を吹かせてもいいですよね。「先を読むなんて不安」という方は、先行予約と大体同時期に、次の季節のコレクションやファッションショーをサイトなどで見られるので、「こんなアイテムが世に出て、今季はこうコーディネートするんだな」と参考にするといいと思います。

また、**新しいアイテムを迎え入れた際に、これまで似たような働きをしてくれていたアイテム達にお疲れ様を言うと、クローゼットは整然とします。**これまでのものも残しておきたい、と思うようなら、もしかしたらそれは、貴方にとってよく似合うもので、少しずつ色柄形を変えながら定番として買い続けるべきアイテムなのかもしれません。

秋冬に何を着ようかなと思いを馳せながらゆっくりワードローブを構築し、季節を先取りしたアイテムが店頭に出回る前に手元に届くなんて、テンションが上がりますよね。そして、オンシーズンになったら、既にこなれたコーディネートで街を歩く……。最高に格好いい予約服の着方だと思いませんか？

冬

コート選びは難しい？ 満足度を上げるポイントとは

先日電車に乗っていたら、アフリカ系であろう女性陣がどやどやと乗ってきました。携帯に目を落としていた私の視界にもバッチリ入るくらい、ハッと目を奪われるカラフルなコートばかり。きっと旅行で日本に来ていて、急に寒くなったので、当座しのぎのアウターを買ったのでしょう。それぞれにその人らしい色を着ていて、ダークトーンの服だらけの車内で、それはそれは華やかでした。

他のアイテム同様に、自分らしさを出して楽しみたいアウターですが、皆さんのセレクトを鈍らせる理由がいくつかあり、私達パーソナルスタイリストにとっても、提案が難儀なものの一つです。高い買い物で、一着で全てをまかないたい思いが強いので「もっとこうならいいのに」の蓄積が多く、妥協したくない。あるいは、他のアイテムより長く着る想定なので、自分の好みを抑えた無難なものを選んでしまったり、社会人として相応しいものを買わなくてはと思ってしまったり……。総じて買い物としての満足度が下がる傾向にあります。

そのため、私達がお客様に選ぶ際も、暑がりか寒がりか、移動手段が車か電車か、屋外にいる時間の多寡などを考慮しながら、毎シーズン、大量のコートをリサーチし、渾身の一着を提案しています。たとえば、暑がりさんなら、コートが出始める10月の薄手のコートを提案、寒がりさんには、厚手が出揃う11月以降のものをチョイス。また、車での移動が多い人には軽いショートコートが重宝で、電車移動で歩く機会も多い人は、ある程度厚手でロングのほうが暖かいよね、みたいな感じです。

私もそうなのですが、仕事で外回りが多い方は「コート主張型」（コートが華やか）になるのもアリだと思います。私のラインナップは「柄モノトーン」と「ビビッドカラーコート」なのですが、中に色を着たい日や全身をモノトーンにしたいときは前者を着用、中がシンプルな日や、一日中外で、コートがメインになる日は後者を着ています。基本マナーとして、コートは建物に入る前に脱ぐ、というのがあるので、よほど堅い企業の場合以外は、フォーマル用のコートだけ別途準備があれば、自由に好きなコートを着ていいように思います。内勤の方も、ボアやファーコートなどを着れば、出勤時の気分が上がりますよね。

ただコートはあくまで服の上に着る外套。中に着る服との調和は考えたいところです。コートの中の装いを充実させるコート内充実型かコート主張型かによって、買うものが違うかなとも思います。また、実はここ数年、コートの大幅なトレンド変更はなく、その代わり、着方が変わっています。**合わせるパンツ幅やスカート丈、ストールの雰囲気、ブーツの丈など。雑誌で「そのコートの今年らしい合わせ方」をチェックして実践してみると、途端に洗練度・今年らしさが上がります。**

そして他のアイテムよりも長年着続けるであろうコートは、ケアも大切なので覚えておきましょう。**ウールコートの場合、洋服ブラシで毛流れに沿うよう一方向にブラッシングすると、ゴミやニオイ、湿気が取れ、毛玉予防にもなり、クリーニングの回数を減らすことができます。**またコートは型崩れを防ぐため、できるだけ肩に厚みのあるしっかりしたハンガーにかけてください。この二点を守れば、10年以上コートが持ちます。そのくらい持たせたいと思える、テンションの上がるコートを買いましょう！

冬〜春

先を見越して春の準備も！冬のセールで買うべきもの

服を売る側であることに加え、今は作ることにも携わっている私。セールの時期が来てアイテムが割引価格になると、製作の工程・手間を知っているだけに、「そうか……」という気持ちになることは否めません。しかしその一方で、洋服の大量在庫が社会問題になっている昨今、この価格なら買いたいという方々の手元にその商品が行くことはありがたく、在庫削減と新規開拓が叶う気持ちもあります。

実は、人目もあまり気にならずに、気軽に試着ができるのはセールのいいところ。今回は冬のセールの楽しみ方と、何を買えばいいかをご紹介していきます。

冬のセールが夏のセールと大きく違う部分は、コートなどの重衣料やブーツがあること。コロナ禍で少なくなっていたお出かけ回数が戻ってきて、コート選びのオファーがとても増えていますが、**サイズや数に余裕があるアイテムについては「急ぎでなければ、セールまで待ちましょうか」とお客様にも言っています。**コートを1枚も持っていない、という方はいないと思うので、テンションの上がるコートは、セールでトライしてみるのもアリですね。

また、セールの時期の靴売り場は、前述の通り全ての型やサイズを店頭に出していることが多いのです。販売員さんに声をかけるのを躊躇う方にとってはいつもより試着しやすいと思いますので、**今から履けるいいブーツと、春先から使えるパンプスを買いましょう！そうするとブーツの時期が終わった後、スムーズに足元を春バージョンに移行できます。**

隠れた注目アイテムとしては、**寒がりの方であれば厚手で淡い色の、そんなに寒がりでなければ、薄手の秋冬素材でない羽織り（薄手のコートやコーディガンのようなもの）も探してみてください。**春先・秋口に着るものがないという方が本当に多いのに、定価が高めなので通常のショッピングの優先順位から外れていく最たるものです。着用の時期を見越して先に準備してください。冬が終わっていきなり「はい、明日から春です」というわけではないので、シーズンの「過渡期」のスタイリングがうまくなるようなものもセールで選んでみましょう。ベーシックアイテムとして作っているので、店頭の在庫も豊富だと思います。

では、さらに先を見越して、春先に楽しめるトレンドアイテムを探すには？　次の年のトレンドカラーや柄・デザインを調査し、手持ちにスッと馴染みそうなものがあれば、それは「買い」です。

改めて言っておきたいのは、**セール品として出てくるものは、決して「残り物」ではないということ。**着方や合わせ方が想像しにくかったり、色や柄・形・価格がチャレンジングなアイテムだと、結局、日々に追われて考える時間を取りたくないと思う人の購入アイテムからは外れてしまいます。でもそんなアイテムこそ値段的にもお得になっているので、チャレンジしてみたかった方にとっては、ラッキーです。

店頭に沢山アイテムが出ているセール時期はこういうものも見つけやすいので、是非ショップ問わずウロウロしてみてください。

この月には何を準備すればいいか丸わかり!

一年間のファッション・スケジュール表

9月
本格的な秋物が登場(薄手の羽織りやショートブーツなどを購入)/10月のシーズンに向けて結婚式に着る服を用意(購入・レンタル)/白い服を漂白するなどケア/衣替えの準備

10月
七五三の準備/お受験服の用意/ジャケット、スーツ、厚地のニット類、裏起毛パンツ・ヒートテックなど防寒用品、ロングブーツが店頭に並ぶ/コートなど大物を買う前に自分の服の方向性を見定めてクローゼットを整理

11月
重衣料(コート類)が出揃う(初旬)

12月
ボーナスで何を買うか計画を立てる/クリスマスプレゼント、パーティー用の服を準備/年末セール(ブーツやコートなど高価なものはここで購入)

1月
初売りセール(ジュエリー、ブーツ、コート、ベルト、春に使える羽織りやパンプス、ジャケットのインナーなどがおすすめ)/成人式(レンタル・購入)

2月
厚地で、春らしいけれど落ち着いた色の「梅春もの」が登場(寒がりな人、華やかすぎる春物が苦手な人はこのタイミングで買うのがおすすめ)/入学式・卒業式・謝恩会服(オケージョン服)を準備/春物の予約販売/ファミリーセールで掘り出し物を購入

3月
春物のラインナップが揃ってくる(年度末で切れるポイントや年度末セールなどを使って賢く買い物を。ライナー付きのトレンチコートがおすすめ)/4月からの状況に合わせてクローゼットを整理(4月からよく使うものをセンターに)/新職場や進学など4月からのシチュエーションに合わせて買い足し/お受験用の服準備(親子・11月頃まで使用)/(引っ越しがあれば)断捨離

4月
新しい職場や環境を見て、必要なものを買い足す/長袖は4月までに(GW明けは半袖が増えるため)/GWの旅行用の服や水着などを購入

5月
夏色の服、UVアイテム(羽織り、ストール、帽子など)、サンダルを購入/衣替えの準備/クローゼットの乾燥の強化

6月
レイングッズ、晴雨兼用アイテム(ブーツ・傘など)を購入/体にくっつかない素材のシャツや雨が裾にはねにくい半端丈パンツがおすすめ

7月
夏のセール→春に買い逃したアイテムを中心に購入/秋冬物の予約販売

8月
夏のセール(7月から続く)→晩夏〜秋に活躍するアイテムを中心に購入(ジレなど)/ファミリーセールで掘り出し物を探す/「晩夏品(薄手の秋物)」登場

第3章
クローゼットを見れば人生がわかる

パーソナルスタイリストとして
沢山のクローゼットを見て、
多くの人の人生に関わらせていただきました。
忘れられない思い出の数々の中から、
皆さんの参考になりそうな
珠玉のエピソードをいくつかお伝えします。

episode 1

手放せなかった服から理想の自分が見えてくる

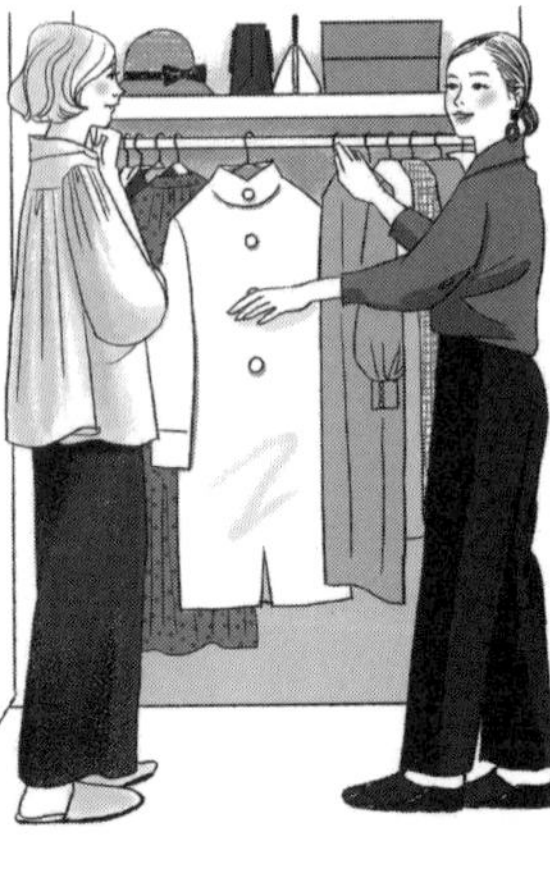

クローゼットを見れば、どんな人生を生きて来られたかが本当によくわかる。お客様のクローゼットチェックをするたびに、そう思います。先日、私のコラムをご覧になって、カウンセリングを受けにいらした女性がいました。「これからどう装ったらいいかわからない」とのお悩みでしたが、クローゼットを拝見し、私には彼女がこれまで大切にしてきたことが見えました。話をしていてもその方はご家族の話ばかり。家族を心から愛し、「妻・母としてふさわしい格好を」と他人軸で服を着ていたのだろうと容易にわかりました。ただ、もうその気持ちは十分にご家族に伝わっていて、これからはご自身が若い頃か

ら好きだったという、自分本位の華やかなものを着てもきっと喜んでくれるはず。クローゼットにはそれらの服は残ってはいませんでしたが、代わりにあったのは、上質でコンパクトなシルエットの服たち。落ち着いた色のものばかりでしたが、形は長年のお買い物の中で吟味されていました。

クローゼットに残っていた服から改めてわかったのは「エレガントなコンパクトシルエットがとてもお似合い」ということ。ただ、家族のためという役目を十分に果たしたとき、色柄の好みをそぎ落とし、形は完璧に行きついていたこれまでの服を見て、急に服の路頭に迷ってしまったのです。なので、形や素材はあまり変えず、色みを華やかにしてスタイリングをさせていただきました。

処分しなかった服は、ときには執着をあらわすこともあります。**「この時代はよかった」「このときが一番自分が輝いていた」というポジティブな記憶を伴った服は手放しにくいもの。でも、「あー、こういう風に生きていたかったんだ」と思い出せたら、その服を、今の自分に合うサイズや質感にアップデートしてください。**これ、「出世魚ブランド」と勝手に名付けているのですが、同じテイストの服でも、20代バージョン、40代バージョン、60代バージョンとそれぞれショップがあります。私達プロから見ればうまく乗り換えられるようになっているのですが、そのお店を見つけられず若いときのままだと、着丈やウエストの位置・柄などが次第に年齢にそぐわなくなり、「イタいコーディネート」になってしまうのです。「このトップスは大好きで、以前はこう合わせていた。でも今はうまく合わせられなくてたんすの肥やし」という過去の着こなし呪縛バージョンもあります。この場合、アイテム自体はその人に合っていても、その着方ではもう似合わない、ということなので、膝丈スカートをロングスカートにするなど、一度、着方のアレンジをしてみてください。

「靴箱のハイヒール、全部好きだけど全部履けません」という方にもお目にかかりました。「またいつか、昔のようにヒールを履いて颯爽《さっそう》と歩ける気がして捨てられない」とのことで取ってあるのですが、**ハイヒールで出歩くのが厳しくなってきたなら、歩きやすいヒールを徹底的に探すかシフトチェンジするしか選択肢はありません。**靴箱を見てため息をつくより、好きな自分でいられるように、今の自分ができる可能性を考えてみましょう。

洋服や小物・靴は「自分らしい」を外に表現してくれる道具。そして自分が気持ちよく生きるための相棒。クローゼットの中の、自分が手放せないものにじっくりと向き合って、周りに流されず、「本来自分はどんな人間でいたら幸せなのか？」の答えを是非見つけてください。

episode 2

着るものを選ぶときに出る親から受けた影響

「霜鳥さん、私、このピンク、似合ってますか？」

カラー診断中、鏡の前にいるお客様からのご質問。「お似合いですよ〜。素敵！　ご自分でも見て『いいな！』と思うでしょ？」と伝えると「私、鏡が見られなくて」とお客様。

「小さいとき、母から、あなたは可愛くないんだからピンクは似合わないと言われて、青ばかり着させられていました。それ以来一度もピンクは着ていないんです」

愕然《がくぜん》としました。そんな呪いをかけられて、これまでどんなに辛かったことでしょう。泣きそうになるのを耐えながら診断を続けたことを覚えています。

後にその方は、醜形恐怖症と診断されました。長い時間をかけて一緒に向き合い、少しずつ症状は緩和して、今はピンクも着られるようになられました。母子の関係は近いので、相手を想う気持ちとこうあってほしいという気持ちが折り合わなかったとき、強烈なこじれ方になるのかもしれません。**着るものを選ぶ、ということの裏に、親子の関係性が見え隠れするものだなと、この仕事をしていて痛感します。**親にこれを着せてもらった、という幸せ物語も多く聞きますが、学校で服の教育がない以上、親が自分の物差しで着せ、子もその影響を受けざるを得ないわけです。

「私が一番知っているんだから」と娘が着るものを全てジャッジする親と、考えることをやめてしまった20代のお嬢さんにも会いました。お嬢さんはこちらがどう褒めても反応が薄く、自己肯定感が低いように見受けられました。親からしてみれば従順に見えて可愛く、世話を焼いているつもりなのかもしれません。しかし実態は支配やコントロール。いつまでもそうしているわけにはいきません。

お嬢さんのショッピングについてくるお母様に対して、私が使ったのは、お嬢さんに話をしているフリをして、実は、お母様にメッセージを伝えるという技です。それも感情論ではなく、プロとして。お母様のこれまでのご苦労を労《ねぎら》い、新しい可能性を服で見せながら、**「成人しているんだから、自分が似合う服・好きだなと思える服は、試行錯誤してでも知らなきゃね」「自分と子供は違う。ご自身が親になったときは、それを子供に伝えて**

いかなきゃいけないんだから、ここでしっかり、自分で決めていきましょう」と伝えました。その後は「霜鳥さんにお任せします」とお母様はいらっしゃらなくなりました。

「派手な親がイヤで私は紺・茶・黒しか着ません」という方もいました。詳しくお話を伺うと、授業参観で恥ずかしい思いをして、自分はそうはなりたくないと思ったとのこと。ただ、好きで着ているのならいいのですが、あてつけのような感じで落ち着いた色を着ていたその方は、お世辞にも幸せそうなお顔ではありませんでした。パーソナルスタイリングにいらしたということは、変えたいと思っているということですよね。その方はお母様と似ていて、本来は華やかな色みが似合う方でしたので、彼女のキャラクターに合った華やかなコーディネートをさせていただきました。

かくいう私も高校生の親。私と違い、黒髪刈り上げショートにイヤリングの娘を格好いいなと思いますが、想像を超えたファッションを愛す娘だったら、果たして受け入れられたのだろうか。好きなものを着る精神的効果はわかっているつもりですが、いざ身内となると、プロでも色々考えてしまいますよね。あ〜私も人並みの親。

episode 3

「この人プロ!」と思わせる販売員さんの特徴と仕事ぶり

パーソナルスタイリストになりたての頃、まだ娘も小さく、よくベビーカーに乗せてショッピング同行のためのショップリサーチをしていました。その姿を見た顔馴染みのベテランの販売員さんが、仕事もおぼつかない私がもどかしかったのか「見ててあげるから、リサーチいってらっしゃい! 欲しいアイテムはこちらで準備しとくから!」と言ってくださり、本当に有り難かったことを覚えています。

当時、スタイリストになりたての私は、プライドを持って働く販売員さんの迫力に圧倒されっぱなしでした。そんな方々のプロとしての本物の接客やホスピタリティーを沢山目の当たりにしてきたので、今やすっかり販売員さんに向けるジャッジの目が細かくなってしまったことは否定できません。ただ、私達パーソナルスタイリストは、ショップにお邪魔し、お客様にコーディネート提案をするのが仕事。販売員の方の協力なくしては成立しません。尊敬でき、お客様が一人でショッピングに行っても安心して対応していただける方とお仕事をご一緒したいと思うと、自ずとショップの中でも「この人プロ！」と思える方を選んで声をかけてしまいます。

私がお仕事をご一緒したくなる販売員さんのタイプには二種類あり、名前をつけるなら「意見尊重型」と「コーデ提案型」です。

たとえば、「意見尊重型」の販売員Aさんは、いつも程よい距離感で作業をしながら見守ってくれていて、必要なタイミングで必ず目が合います。「ここのショップに関しては任せて！」という博識さを持ちながら、押しつけることはなく柔軟です。一方、指定したもの以外にも想像以上のアイテムを持ってきて一緒にコーディネートを作ってくれるのは、「コーデ提案型」のBさん。どちらのタイプの販売員さんも、こちらのニーズをしっかり観察し、聞いています。私が試着室内でつぶやいたサイズや色がさりげなく準備されていたときは、本当にプロだなと思いました。

誰でも、自分が主人公でありたいし、自分のことをわかってくれる人に接客してもらいたい。それを理解し、労力を惜しまずお客様にもショップの洋服にも愛情を注いでいるのを感じると、きっと嘘のない接客をされる優れた販売員さんなのだろうなと感じます。

他に私がどんなところを見て声をかけているかを挙げると、服の扱い方です。ショップ内でのディスプレイの仕方や、購入後の洋服の扱いが丁寧なら、ブランド愛を感じます。ストック（在庫置き場）の内容を常に把握していたり、ショップをまたいで提案できる人も頼もしいです。「そういうパンツをお探しなら、向かいのお店にありますよ」と連れて行ってくださった方もいました。トータルで何が一番お客様にとっていいかということを考えた行動で、信頼でき、通いたくなります。そんな素敵な販売員さんに出会えたら、こちらも「こういう感じにしたい」など、リクエストを伝えたり、手持ちのアイテムの写真を見せたりできるといいですね。より力になれると、腕まくりされると思います。

同じ服でも「この人から買いたい」というムードになっている今。そうあるために日々ご自分のスキルを磨いている販売のプロと話し、学び、是非、似合う服に巡り合ってください。そうすると、きっと、もっと洋服が楽しくなるはずです。

episode 4

服が生き方を映しだす。ある女性の遺品整理

見慣れた名字の方からのメールが弊社に。しかし、下の名前を見て「えっ」と声を上げてしまいました。その珍しい名字は当時よくご自宅に伺っていたお一人暮らしの女性のものでしたが、メールは息子さんから。用件は「亡くなった母の洋服の整理をしてほしい」とのことでした。

息子さんとは以前一緒にお仕事をしたことがあり、彼の海外転勤が決まったタイミングで、洋服好きなお母様の相談相手になってほしいと依頼を受けていました。そしてしばらくぶりにいただいたメールが、お母様の訃報を知らせるメールだったのです。

しばらくパソコンの前で、呆然《ぼうぜん》……。息子さんが遠くにお住まいで、その寂しさもあったのか、お母様にはクローゼットチェックのご依頼と称し、よくご自宅に呼んでいただき

ました。少し洋服の整理やコーディネートを組んだりしたら、一緒にお茶を飲んでは色々なことを話したものです。長くアート系のお仕事をされていたお母様は、一見難しそうな服もさらりと着こなすセンスの持ち主で、私のほうが勉強になるくらいでした。

息子さんも、お母様に似て服が大好きで知識も豊富な方なのですが「(晩年のことは)霜鳥さんのほうが自分よりよく知っているだろう」と、遺品の整理を私に依頼してくださったのです。

でも、私はどこかで、遅かれ早かれそんな連絡をいただくのではないかと思っていました。「入院の準備をしたいから」と呼んでいただき、ついでにと、アイテム毎にそれにまつわる思い出話を聞きながら、一緒にご自宅の中をじっくり整理した日があったからです。その際、心身共に追い付かなくなったのか、いつもなら着こなしていたおしゃれな服達を処分しようとされていたことを思い出し胸が苦しくなりましたが、私にできることは、聞かせていただいたお話を、洋服を通して息子さんにお伝えし、手を伸ばせばいつでもお母様の温かさに触れられるものを作ることかなと思いました。

コーディネートを組むときには、それを着ていただいてからお写真を撮るのですが、まずはその撮りためていたお写真をフォトブックにしました。そして写真で身に着けているものの中で特に大事にされていたお洋服や小物と一緒に、衣装ケースに入れてお渡ししました。その中には、愛用されていた息子さんからの母の日のプレゼントのスカーフや、息子さんご自身がお母様のイメージを強く感じるというブラウス、クローゼットにずっと入っていたサシェ（香り袋）も入れました。少しだけお母様の思いを息子さんに語り継げたでしょうか。

この一件あたりから、**高齢になったということでご自分の衣食住のスタイルが尊重されないシチュエーションがあるとしたら、それは本当に残念なことだと強く感じるようになりました。人生の終盤、削ぎ落とされて究極に近くなったスタイルを、もっと聞きたい、尊重したいと思いました。**

洋服は、その人の「チョイスの仕方・扱い方・香り・それを纏っていたときの表情や歩き方」を雄弁に語り継ぎます。まるでその人自身がそこにいるかのように。最後にお母様にお会いしたクローゼット整理の際、「コレ、今は霜鳥さんのほうが似合うからあげるわよ。持ってって！」と一点もののとってもユニークなジャケットを私にくださいました。今や形見となりましたが、私の大事な宝物。着こなしていた彼女のオーラや強さや、優しさも、いつか身に纏えますように。

episode 5

理想の体型は千差万別。体型に合った服で輝こう

「『痩せるのがオシャレへの一番の近道』と聞くと、細いか若くないと服は着こなせないのかと思って、年齢を重ねることへの気持ちが萎える」という言葉をある場所で目にした私。いつか公の場でこれについて伝えたいと、頭の片隅でずっと覚えていました。

私達パーソナルスタイリストは、どんな体型の方でも、素材・柄・色・丈感・幅感などを吟味してバランスを自在に操れるので、その方にとって理想的なシルエットと美しいバランスで服を着ていただくことができますし、数割増しのバランスを作ることもできます。

ただ、私達が容易に操れないのは「自分の体型についての心（気持ち）」。若い女性の約9割が「今より痩せたい」と思っているような国なので、**ふくよかであることのメリット**

（シワが目立たない・肌が綺麗に見える等）もあまり耳に入らないようです。また年齢を重ねるとどうしても代謝は落ちていき、加齢によって肉付きも変わってくるので、「綺麗でいる＝痩せていないといけない＝そうでないとオシャレになれない」となると、年を重ねることが心配になる気持ちもわかります。

以前、「今ある服を全部捨てたい」とクローゼット整理のご相談がありました。ご自宅に伺ってみると、一箇所に、処分を待つかのように置かれた服の山。加齢に伴い太ってしまって、という彼女の体型は、9号サイズ。7号サイズから9号サイズへの変化という、周りの人には変化を感じにくいレベルでも、ご本人は自分の今の体型を受け入れられず、「手持ちの服が似合わなくなった」「捨てたい」となってしまったのです。

私が問題だと思ったのは、彼女の体型ではなく、表情。現状に不満を持つ不幸せな顔は見ていて悲しく、早くこの状況から脱却してほしいと思いました。今の状態の彼女と新しい服を見に行っても、どんな服でも似合う気がしないでしょうし、彼女の手元に行く洋服が可哀想にも感じられ、「ご自身が思う理想の体型になってから会いましょう」と伝えて別れました。**その人が持つ「理想」を変えることは難しいからです。**その後、「優先順位にハッとした」という彼女は、ご自分の納得できる体型にされた上で再度依頼のご連絡をくださいました。

もともとタイトな服装が好きだった彼女は、減量したことで、ファッションを楽しむ心を取り戻すことができました。でも、彼女と同じような体型でも、体の薄さを気にして、少しウエイトを上げたいというお客様もいます。理想の体型は人により千差万別で、本来は他人の物差しで測るものではありません。洋服のサイズ表記も便宜上付いているものなので、気にしなくていい。**今の自分の体型を本人が肯定的に捉えているかが一番大事で、それが叶っていれば幸せ**ということです。

やせ型に見えても不満を抱えている方もいれば、大柄でも、もちろん気にせず、ハッピーオーラを沢山振り撒いてくださる方もいます。**私が素敵だと思うのは、自分の体型に自信を持ち、上を向けている人です。ただ、そんな風にずっと過ごせるようにするためには、頭も体も柔軟なタイミングで気持ちよく過ごせる体型を見極めておくこと。そして、堂々と年を重ねる！**　周りを見回すと、実は体型に合った服を上手に着ている楽しそうな先輩方がきっといますよ。

結論。「細いか、若くないと、服は着こなせないのか」への答えはもちろん「ＮＯ」です。

episode 6

似合う服を着たとき、周囲の反応はどう変わる？

「フットサルチームに入りました！」

喜びとビックリで、嬉し泣きしてしまった報告メールでした。以前担当した、長年引きこもりだった20代の男性。心のカウンセリングを受け、外に出る準備ができたと思ったけれど、この格好で出ていいのかわからないと、お問い合わせをいただきました。

人慣れしていないと聞いたので、私の知り合いのショップを1時間早く開けてもらい、限られたお小遣いの中からスタイリング。長年の引きこもり生活で青白くなった肌をカバーし、気持ちを奮い立たせてくれるような明るい色をチョイスしました。

ご両親と一緒にバイト先を探され、働き始めたと思ったら、同僚に誘われてそのバイト先のフットサルチームに入ったとのこと。**「服のおかげで、一歩外に踏み出す勇気が出ま**

きました。

した。背中を押してくださりありがとうございました」とありがたいメッセージをいただ

「うちの会社、装いを褒めるとかは皆無なので」と仰る女性のスタイリングをしたことも。同じ会社に30年弱勤め、平日は会社と家の往復。多忙のため制服のように仕事着を決め、それだけを着ていたそうですが、ふと「定年退職したら、私の服装はどうしたらいいの？」と思われ相談に来られたのです。週末にカウンセリングとショッピング同行をして、ショートヘアに合うエレガントなスタイリングを作りました。いざ月曜日。購入したコーディネートで勇気を持って出社すると「おー、いいね、いつもそうしててよ」と男性同僚から言われ、一気に肩の力が抜け笑ってしまったそうです。「私の五十数年の人生の中で、人に服装を褒められるタイミングがやって来るなんて、一度たりとも思ったことがありませんでした。褒められるのってこんなに嬉しいんですね。装いを褒めない会社だったんじゃなくて、私が服装について口出しをしてほしくないオーラを出していたのかも。勇気を出して伺ってよかった。本当に感謝しています」と、当日お昼、興奮冷めやらず、という感のあるメールが。その後、「私の変身を見た社内の若い女性社員たちが少しずつ華やかになっていった、私が服装に無頓着で、地味だったから遠慮していたのね」、と後日談のメールも届きました。

告白をして振られてしまったけれど、その女性とどうしても結婚したいという男性から「指示通りにやるので、洋服・立ち居振る舞い・テーブルマナー全部教えてください」とオファーを受けたこともありました。目が綺麗な方だったので、メガネをやめコンタクトにしてもらい、レッスンで自信をつけた結果、二度目の告白で見事お付き合いできることに。そして、念願のプロポーズ成功！　結婚式に呼んでいただいたのですが、一緒に頑張ってきたことを思い出し、終始号泣でした。

装いで本人の勇気や努力、誠意、覚悟が伝わったとき、きっと周りの人は胸を打たれ、心を動かされるのだと思います。自然と褒め言葉が出たり、手伝えることがあればと動きたい気持ちになるのかなと、このお三方のエピソードを思い出しながら感じました。当初、選ばせていただいたそれぞれに似合う服を着ていくのに躊躇いがあったお三方に私はこう伝えました。「この服をお守りだと思ってくださいね」。**お守り服を褒められ、より自信がつき、自分を信じて動けるようになる**過程は、本当に何度見ても感動です。こうやって書きながらまた涙腺ユルユルの私でした。

episode 7

品を保って露出する 大人の肌見せ ポイントとは

先日、ご主人から奥様への誕生日プレゼントとして、スタイリングのオファーをいただきました。プレゼントの場合、真意を知るためそれぞれ別々にヒアリングをするのですが、ご主人からは「もっと肌を出すコーディネートをお願いします」とのご希望が。お二人とも50代で、仲良しご夫婦ではあったものの、珍しい注文だったので意図を伺うと、「妻は昔からスタイルがいいのに、歳を重ねて隠すばかりだから」ということでした。そこで奥様はどう思っているか確認したところ「確かにすっかり気持ちが隠す方向になっていた。プレゼントだし、このタイミングでやってみようかな」とのことで、ショッピング

同行がスタート。
大人の肌見せのポイントは**「よく動かす体のパーツはカバーしながら、変わらず綺麗な部分をしっかり出す」こと。**年齢問わず「オバさん見え」が出てしまうパーツが、（1）首の後ろから背中上部にかけて、（2）肘、（3）膝、そして（4）ヒップ。
（1）、猫背に見えている人は、ここのお肉の丸みのせいかもしれません。このお悩みにはシャツを推します。襟や生地で直線を作り、シャンと見せることができるからです。（2）（3）の肘、膝は共に、上にお肉が乗ると、年齢が出やすい部分。気になる方は、袖や裾でカバーできる服が美しく見えます。（4）、ヒップの位置がわかりづらいようにトップスをチュニックにして隠すのは少し懐かしいので、ワイドパンツをうまく使ってください。
この（1）～（4）、比較的、自分の後ろ側から見える場所が多いので、なかなか本人が気づかないのが難しいところ。**ショーウィンドーや全身鏡を使って、たまにチェックしてみてください。**
では**どこを出したら効果的なのか。やはり三首（手首・足首・首）です。**「え？　出してるけれど……」とお思いの方。出しているのが目立たない原因は、全体的にメリハリのないスタイリングをしているからかもしれません。ウエストを少し絞ったりするだけでも、実は、肌見せしている感がトータルでアップします。

また他のパーツを見せたいというときは、レースやシフォンなど、透け感のある素材で、腕やデコルテ、脚元が透けて見えるのもいいですね。ただし、肌着が見えているようだと品が下がってしまうので、素材と色、形を吟味して買いましょう。

さて、冒頭に紹介したご夫婦はどうなったでしょう？　奥様に提案したコーディネートは次の通りです。一つは、首元はつまっていながらも肩が出るトップスと、スリットの入ったタイトスカートで肌見せとボディコンシャスを叶える落ち着いたカラーのコーディネート。もう一つは華やかな色柄のノースリーブワンピースにカーディガンを肩からかけるスタイル。ご主人は「綺麗！　さらにスタイルがよく見える」を連発。帰宅後にもファッションショーをしました！　と嬉しいご感想をいただき、ご主人の「綺麗でいてほしい」という愛をたっぷり詰め込んだいいギフトとなりました♪

大人の肌見せはシックなカラーがおすすめです。スタイルに自信を持てる人は、是非潔く体を出すスタイリングをしてほしい！　と思う反面、若々しい服と大人の体のミックスに違和感が出ないように気をつけてほしくもあります。そこで頼りになるのは手厳しい友人やプロ。しっかりチェックしてもらいましょう。

episode 8

幸せ溢れる、50代夫婦のウエディングプロデュース

「こうありたい」をヒアリングして、これからどう装うかを一緒に構築する仕事をしていると、ご結婚される際に「ウエディングプロデュースもやってほしい」というお声をよくいただきます。ヒアリングの過程で、これまでどこにも出さなかった思いや感情をぶつけてくださる方もいるので、何もかもさらけ出した私ならきっと、皆まで言わずとも、自分の理想が手に取るようにわかるはず、と思ってくださるようです。

実際にこれまで20代から50代まで十数件のウエディングプロデュースをしてきました。やってきて思うのは、本当に、一つとして同じ結婚式はないということ。新郎を主人公にしたいお式、滝の前で法螺《ほら》貝を吹く滝前式、サリー着用のお式、キャンプ場式、ロード・オブ・ザ・リング風お式、衣装やブーケ全てを一から手作りしたお式、朝まで仕事で徹夜

のお二人が栄養ドリンクを飲みながらの式……まだまだ他にも個性あふれるオーダーメイドのお式を、とことん話し合って作ってきました。

直近でお手伝いしたのは、50代同士の方の結婚式。もともとご新婦のスタイリストをしていた私に、プロデュースの依頼がありました。彼女が一番心配していたのは「メイク」。そもそも何故私にオファーいただいたかというと、「メイクを習いに行ったことが数回あるが、納得のいくメイクをしてくれたのは霜鳥さんだけだったから」とのこと。メイクレッスンの際、彼女の年齢や顔立ちに合ったメイクをしたことで信頼してくださったのだなと思い、私がヘアメイクも担当することを了承し、まずはウエディングドレス選び。

ここは、**パーソナルカラーに合った白かどうかが「清潔感」を左右します。そして上質な素材と体を美しく見せるデザイン。**以前も触れましたが、肌見せのルールが若い頃とは違うので、お年を重ねてついたお肉を絶妙にカバーするデザインを選びます。そして、肌ツヤを補うため、ネックレスやイヤリング、グローブは必ず着けてもらいます。

ドレス選びの後は、それに合わせたタキシード選び。新郎はグレーヘアで白がお似合いだったのですが、最初は「恥ずかしい」と抵抗を示されていました。しかし新婦の美しいドレス姿を見て、「一緒に白を着よう！」と乗り気に。社交ダンスをされていることもあり、姿勢もノリもいいお二人だったので、写真撮影もスムーズでした。「自分達でこれはできない、お願いしてよかった」と言ってくださり、ほっとひと安心。

ウエディングは、二人のやりたいことを全部叶えていい場。周りはその幸せの証明を見て「本当によかった！」と確認する場だと、毎回実感します。私はというと、結婚してすぐに子供に恵まれたので式は行わず、結婚10周年の海外旅行先のオーストラリアにて、サプライズで娘と三人でのフォトウエディングを敢行！　現地のカメラマンの予約、ロケハン、三人の衣装の調達ともはや仕事でしたが（笑）、でも、大袈裟なくらい準備して家族を巻き込んだことで、全てがとてもいい思い出になりました。

イベントは年齢に関係なく、自分も周りも喜べるものにすることで、結果、沢山の笑顔や思い出が残ります。ウエディングプロデュースは好きな仕事の一つで、張り切りすぎて鎖骨を折ってしまった式もありましたが、お二人の、そして周りの幸せそうな笑顔で全ての苦労は毎回帳消しです。

episode
9

会社をまるごとスタイリング！企業ブランディングのお仕事

個人の方の装いを構築し、なりたい方向に進んでいっていただくのがパーソナルスタイリストの一番基本の仕事ですが、それが経営者の方だったりすると「霜鳥さん、うちの社員も見てくれる？」というオファーを受けることもあります。そうなると企業全体や管理職のトータルイメージを構築する「ブランディング」の仕事になってきます。

よく私が士業や金融業の方に言うのは**「その人自身が経済的に潤っている感じがしないと、色々お願いしたいとは思えないから、身なりをきちんとするのは当たり前ですよ」**ということ。そりゃそうですよね？　利益を得るためのモノやサービスを提供しているのに、ご自身が成功を収めていない雰囲気を醸し出していたら、説得力ゼロ。**高いものを着るというより、その立場に相応しい装いをするという「教養」があるかどうかで、仕事の**

成果も変わってくるのではと思います。

ある不動産投資会社のケースです。「オンラインで行う投資セミナーのために、講師全員のスタイリングをしてほしい」と依頼を受けました。ほぼご本人達のバストアップしか映らないセミナーでしたので、ラペルロールが整った（＝下襟の折れ目に丸みがある）ジャケットと、襟中央の合わせの綺麗なシャツを選び、ポケットチーフを入れ、ヘアスタイルを変え眉も整えて洗練度をアップさせました。それをＳＮＳで拡散したところとても評判がよく、今まで少なかった女性の参加者増に繋がったとご報告がありました。

別の会社からは「若い社員がチャラチャラして見られている気がする」とご相談がありました。見ると光沢のあるスーツの方が多かったので、落ち着いた色みのセットアップにし、立ち居振る舞いもアドバイスしたところ、お客様の年齢の幅が広くなったとのことです。

外国の方の採用が多い教育系の会社からは「女性の肌の露出を注意したいが、セクハラになりかねないのでいい方法を考えてほしい」とご相談をいただき、フォーマル・セミフォーマル・ビジネススタイル・ビジネスカジュアル・カジュアルのルールを定めたマニュアルを作成することになりました。

またあるＩＴ企業の社長は「ルーズな装いが影響して、会社全体に時間やルールにだらしない雰囲気が漂っているのではないか」と危惧されていました。そこで、社員を対象に、気張りすぎないけれどきちんと感のあるスタイリングを、なんと150名分！　一斉に行ったこともありました。もちろんスタイリング費用は会社持ち……なんて太っ腹な会社なんでしょう。

こんなことで変わる？　と思う方もいらっしゃると思うのですが、**視覚的効果は絶大。話し手の第一印象で、その話の説得力も変わるんです。ほかにも会社全体の雰囲気が明るくなったり、社外にもそれが伝わって売り上げがアップしたり、会社にとってはいい投資**だと思います。

社員や秘書の方から「うちの社長、なんとかしてください」と言われ、風通しのいい素敵な会社だな、とニッコリしながら引き受けることも。こちらが理念やロゴ、社風等いろんなものを調べて、それに見合う装いを提案したところ、みんなで同じユニフォームを着たような団結力が生まれ、同じ方向を向いている安心感・信頼感が生まれました。結果、1だった力が10にも100にもなるのが会社ブランディングで、「チームワーク」が大好物の私にとっては嬉しすぎる仕事なのです。

episode 10

AIはスタイリストになれる?ファッション分野のIT活用

8年前、大学の同級生が社長を務めるIT企業と、ファッション提案アプリの開発にチャレンジしました。内容はシンプルで、私達スタイリストがアプリ内でファッションについて全国から相談を受け、似合うスタイルの提案をするというもの。

そのすぐ後、今度は大手企業からオファーをいただき、私がどうやってスタイリングしているか統計を取り、それを個人に適用できるようにする……つまり、霜鳥まき子の脳みそをアプリにする(!)という、それはそれは壮大なプロジェクトに参加させていただきました。

しかし、結果として前者は途中で終了、後者は企画自体流れてしまいました。思いつくのが少し早すぎた? と自己弁護しながらも、明らかに私の大幅な力不足だったと未だに猛省しています。ただ私はファッションにＩＴを取り入れることには肯定的です。何故かというと、**ＩＴ活用は「ファッションを感覚で楽しめる（ようになった）人」が「ファッションが苦手で、ある一部のセンスある人のものと思っている人」に説明してこなかった部分を埋めようとする、ちょっとパーソナルスタイリストの仕事に似ているところがあるから。**右脳でオシャレを考えにくい人も、左脳を使って事実に基づいて理論的にスタイリングができるのなら、そちらのほうがスッと頭に入るかもしれません。

今、自分に似合う服をサブスクで数着送ってくれる**「エアークローゼット」**や、伊勢丹新宿店の３Ｄ体型診断＆スタイリングをしてもらえる**「マッチパレット」**、ＺＯＺＯの**「niaulab」**など、ＡＩを使ったマッチングサービスが複数ありますが、最終的な部分での具体的なアドバイスはスタイリスト的な立場の方が行っていることがほとんど。つまり、ＡＩと人力の融合です。まだ、「ＡＩに取って代わられる職業」にスタイリストは入っていないようですが、確かに「データが不十分な状態での決断を経験則で行う」ことと、「感覚や好みを推し測る」ことについては、今のところ人間にしかできないのかなと思います。サービスをするにあたり、ＡＩで単純作業を効率化して手間やミスを少なくし、そして、クリエイティブ且つセンシティブな部分については人が行う、という共同作業ができるならいいですよね。

「似合う」への足がかりとして身長・体重・骨格・合う色柄などに特化した指針がただ欲しく、そしてその診断が比較的しっくり来る方にとっては、もしかしたら、近い将来、AIでかなりの部分がまかなえる可能性もあります。たとえば私は、典型的な逆三角形体型で、きっとAIが考えてくれたスタイルに不快感はなく、なんならそこから自分流にアレンジするので、ストレスはないはずです。ただ、世の中には診断結果に大きな違和感を持ったり、こう見えやすいけれど本来の自分は違う、また、新しい自分を見つけたいという方も多く、このようにこれまでの統計で推し量ることができない場合はやはり人が最終的に違和感を取り去り、満足のいく提案をする必要があると思います。

言葉尻や表情で、そういうセンシティブな部分までAIが読み取ってくれるところまで来たらいよいよ私の仕事も危ういですが、それは先に書いた大手企業との挑戦内容に近いのかもしれません。さて、どうでしょう？　どこかの企業様、私とチャレンジしてみませんか（笑）？

episode 11

あなたの「似合う服選び」を邪魔しているものは何か？

「○○さんとこの子」、「あの学校の子」、「○○社の人」、「○○ちゃんのママ」……皆さん生まれてきてからずっと、何かしらの肩書きや属性をお持ちだと思います。その肩書きや属性に長年翻弄された挙げ句、いざ、そこから解き放たれたら「あれ？　何を着たらいいんだっけ？」と迷走して相談にいらっしゃる方を沢山見てきました。

私が出演したNHKのドキュメンタリー『ノーナレ』に、お客様として出てくださった方もそうでした。平日はワーキングマザーとしてひたすら職場と家の往復。子育てが終わったあと、黒・紺・グレー・ベージュの無難な服だらけの自分のクローゼットに愕然としたと仰っていました。

「○○社の人」や「○○ちゃんのママ」というような属性は、ずっと同じことを指すならいいのですが、たとえば同じ会社にいても、職位や職種が変われば出したい雰囲気により着る物も変わります。子供がどんな学校に行くかでも、小中高と数年毎に「こうしておきたい」「こう見られたい」というイメージが変わり、兄弟でもいようものなら、もう大変です。そんな中で一定のイメージを保ちながら装うこと自体、かなり難しいことなのではと思います。一生の中でこんなにコロコロ属性が変わるのは女性のみの特徴で、お客様の中には、「○○さんの奥様」という肩書きで社宅にいることに耐えかね、顔面麻痺になってしまった方もいました。

男性はスーツやジャケパンで多くの状況を賄える部分がありますが、女性はアイテムのバリエーションも多い分、頭を悩ませがち。あらゆるシチュエーションを網羅しようと考えた結果、無難・シンプルな服だらけで変わり映えせず、テンションが上がらない毎日を送ることになるわけです。

「保護者会は無難なコンサバ服で行ったほうがいいよね」「会社で華やかにしてもね」という気持ちもわかります。子供の学校ではあくまで保護者だし、会社は仕事をする場所だから。私自身は娘の中学入学のタイミングで少し変わりました。それまでは、保育園・小学校ともに地元。私の職業がバッチリバレていたので、ドレスコードは守りつつも自由に服を着ていましたが、中学からは全く縁のなかった地域の学校に通うことになり、「こんな感じかな〜」と迷いながら服装を決めた記憶があります。

服の仕事をしていることもあって、どんなシチュエーションでもコスプレのような感じで結構楽しんでしまう私ですが、それでも、メインが自分以外だったり協調性が必要な集団の場合、「悪目立ちしないように」「迷惑をかけないように」という思いが強くなります。私ですら無難なほうに足並みを揃えてしまいそうになるのだから、一般の方なら尚更ですね。

だから、女性が迷走するのは必然とも言えますし、この「肩書き」「属性」に合わせようという気持ちが、ともすると自分に似合うものを着るための日々の研究を阻み、無難なクローゼットを作っていきます。それが安心感やステータスになっている場合は、それもいいと思いますが、少しでもモヤッとするならば、**制約の中でも「自分らしく今ある環境にいられる」スタイリングについて、是非考えてみてほしい**と思います。たとえば同じ紺のワンピースでも、自分ならではのセレクトをして、遠くから見てもお子様や同僚が「あ！〇〇さんだ」と気づいてくれるようなものを選べたらいいですね。そんなアイテムは、その都度の属性にとらわれていない分、結果的に長く着ることができるような気がします。

episode 12

クローゼットを「収納場所」から「ワクワクする場所」に

パーソナルスタイリストの仕事というと、ショッピングに同行してアドバイスすることを想像する方も多いかもしれません。しかし、弊社の場合はそれだけではなく、お客様のご自宅に伺い、お手持ちの洋服をチェック、整理することも。これをクローゼットチェックと言いますが、ときには動線を含め、大改造になってしまう場合もあります。

とあるお客様のクローゼットチェックでは、使いやすい場所にある押し入れに、ご夫婦・お子様の洋服が雑然と一緒に入れてあり、扇風機や使っていない布団の収納場所にもなっていました。そして、入りきらないものは部屋にハンガーラックを置いてかけてある状態。動線から外れた場所にちゃんとたんすもあったのですが、照明の薄暗い部屋に置かれ、忘れ去られたように着ていない洋服が数枚入っていて、かわいそうに家の中で邪魔なものになっている様子でした。まずはご主人に協力してもらい、たんすを着替えスペースになっている明るい押し入れの部屋に移動。ご夫婦とお子様のためる洋服はそれぞれの引き出しを作りそちらに入れました。押し入れは二つあったので、一方には突っ張り棒を前後で2本準備し、**季節の変わり目には掛け替えをするだけで衣替えができるように。**もう一つを服以外の物を収納する物置きにしました。

アシスタントとして一緒に行っていたスタイリストは、たんすの上にアクセサリーや時計をショーケースのようにディスプレイし始めました。**「ここを『収納場所』から『ワクワクする場所』にしないと」**と彼女。一新された着替えスペースを奥様に見ていただくと「わ〜！　テンション上がります！」と笑顔になりました。

実はこの奥様、アクセサリーのデザイナーなのですが、「仕事と育児に追われ、アクセサリーも子供が誤飲したら危ないかなとしまい込んで、大好きなものなのに飾って愛《め》でるなんて考えもしなかった」とのこと。本来は愛着のあるものばかりで、開けるとワクワクするはずのクローゼット。他の人の目が入ったことで、その機能を取り戻すことができたかなと思います。

こんな方もいました。クローゼットに入っている服の大半がご本人らしくない、少し年齢が上に見える服なのです。聞くと、全て義理のお母様からのプレゼントでした。

ご主人は男兄弟だったため、お義母様は娘ができたのが嬉しくてどんどん服を買っては送ってくださるとのこと。その気持ちはとても嬉しいので、もちろん処分はできないし、かといって全て着るわけではないし……と悩まれていました。

ここは私がプロとして、サイズ感やなりたい雰囲気に合いにくいものから、と意を決して整理を始めました。「大切にしないと」という気持ちが強いのと、着る機会が少ないこともあって、お義母様からの服の保存状態はバッチリ。かたやご本人が選んだ服は、それらに場所を取られてしまい端のほうに。クローゼットの中で、本来のあるべき位置が逆転していました。コーディネートを若々しく組んでも着こなしが難しいアイテムを確認してもらい、お義母様に着ているところを見せたいアイテム以外は必要な方に差し上げることに。こうして、やっと「ご自身のクローゼット」になりました。

日々の生活に追われたり、与えられたものにありがたいと思う気持ちももちろんわかりますが、**自分に似合う服が、シワにならないくらいの適度な量入ったクローゼットを動線よく持つことは、精神衛生上とても大事**な気がします。

episode 13

お買い物代行で、外出が楽しくなる服を

2013年の初夏、海外にお住まいのお客様から「母の服選びを手伝ってほしい」というオファーがありました。「もちろんです。場所はどちらですか」と聞くと、老人ホームにいらっしゃるとのこと。娘さんから事情を話してもらい、現地に伺い、施設の方に促され個室に行くと、そこで素敵なお母様が「楽しみにしていました」と笑顔で迎えてくださいました。

さっそくお話を聞くと、施設から繁華街まで定期的にバスが出るらしいのですが、ゆっくり洋服を見て回るほどの時間はなく、好きなお菓子を買って時間切れになってしまうことが多いそう。これからどういう装いでいたいかなどを伺いながら、クローゼットを拝見していきました。

中には、昔のブランド品や、仕立てや素材のよいものがズラリ。着たいものでもありながら、どちらかというと、思い出深いものを持ってこられたことが見て取れます。この服にはご家族との思い出が詰まっているんだろうなと思うと、目頭が熱くなりました。

現状の過不足を確認するため、コーディネートを組み始める私に、横から「お年寄りみたいな服は嫌なの。オシャレでいたいの」とお母様。なんだか私の母と重なるなと思いながら、ご意見も鑑み、買い足しするものを一緒に考えていきました。

腰が少し曲がっていて、ご身長もあるお母様。でもお手持ちには腰丈のトップスが多く、トップスとパンツの間に肌着が見えてしまうことがありました。そこで、**お尻が隠れるくらいのトップスと、股上が深く、着丈も網羅できるパンツ（総丈と股下を測りました）、そして落ち着いた色の羽織りが多かったので、首周りを彩り冷房よけにもなるストールをご提案しました。お母様からはそれに加えて、寝るときに縫い目が気にならない着心地のいいパジャマのリクエスト。**

何時から何時までお買い物代行をしますので、携帯電話を見ておいてくださいね、と伝えて一旦お別れ。銀座・松坂屋が惜しまれつつ閉店するタイミングで、いいものがリーズナブルになっていたので、ここで買おうと決めていました。お手持ちに合わせられるトップス・ボトムスを数着見繕い、別の場所でパジャマとストール、そして、ストールにピッタリの帽子を見つけたので、お電話で「帽子も購入していいですか？」と確認し、ＯＫをいただいて買い足し終了です。

気分の上がるような帽子は、是非ラインナップに入れたいと思っていました。雑談していたときに、「近くに美味しいお饅頭屋さんがあって、そこに行きたいんだけど今は少し億劫になっちゃってね」と仰っていたのが印象に残っていたからです。

お直し上がりのタイミングで、許可を得て、当時6歳だった娘と一緒に全てのアイテムをお届けに伺いました。帽子を含めとても気に入ってくださり、御礼に、と私には絵手紙、娘に折り紙のプレゼント。私がクローゼットに洋服を片付けている間に二人で折り紙をしている様子は、本当のおばあちゃんと孫のようでした。

帰りに、施設の方にご挨拶がてら拙著をお渡ししたところ、数日後にお手紙をいただきました。感想とともに「○○さん、お饅頭屋さんまであのお洋服とお帽子で出かけられるようになりましたよ」と。**行きたい場所に足を運びたくなる、散歩の習慣に役立つ服が届けられて、本当によかったです。**

episode 14

富裕層の方々が、リアルに着ているのはどんな服？

富裕層の定義は、純金融資産保有額1億円以上5億円未満とされています。弊社にいらっしゃるお客様にも、少なからず富裕層の方がおり、投資や、仕事で世界中を飛び回って得たお金を社会に還元していて、自分もそうありたいと思わせてくれる方ばかりです。

では何故そのような方がスタイリングサービスを受けるのか。一つには「今日何を着るかの選択に時間を使いたくない」ということがあるかと思います。ご自身のパフォーマンスに自信があるので、日々時間をかけてスタイリングを考えるよりは、やるべきことに集中したい。とはいえ戦略として装いが必要な際や、その場に合ったフォーマルな服が必要なときもあります。そんなときがパーソナルスタイリストの出番になるわけです（ちなみに先日は、ＬＡでのアカデミー賞授賞式参列の衣装を選んでほしいというオファーがありました)。

通常時は同じものや、同じブランドの服を着続ける方が多いです。スティーブ・ジョブズの黒のハイネックはあまりに有名ですが、これは三宅一生さんがデザインしたもの。彼がソニーの工場を見学した際、三宅一生デザインの機能的で一丸となれる制服に驚き、アップル工場用にサンプルを発注したのがきっかけだったそうです。実現は叶いませんでしたが、毎日着るのに便利でイメージを定着化できると、自分のための「制服」を発注したそう。

他には、企業家としての考え方に共感して、また、単純にどこにでもあり目につきやすく、さっと入って買えるからという理由で家では「ユニクロ」、という方もよくいらっしゃいます。スーツを着なければならない、などの制約がないため日々の服の自由度が高く、バリエーションが要らない方も多いです。お客様の中にはワンピースしか着ないと決めていて、数も定め、傷んだらその都度買い替えるという女性もいます。

そして、富裕層の方には富裕層の友人がいて、彼らの中のクチコミでよく使われているブランドもあります。その多くは、上質の中に少し遊びがあり、わかりやすいブランド感がないもの。仲間内で被らないようLINEグループで購入報告をし合うこともあるそうです。

CA時代も、機内でリラックスするためのウェアをさりげなく選んでいる方こそ富裕層の方々だったということが多くありました。これは実はスタイリングテクニックとも連動しています。少し手の内をお見せしますが、私はまず初めての方にスタイリングのオファーをいただくと、華やかめにして、その服を自然に着こなせるようになっていただきます。**ご自身の雰囲気がしっかり出てきて自信もみなぎってきたら、色形ともに抑えめにするとちょうどよくなり、最終的にお年を重ねたら大人の余裕や遊びを装いの中に少しプラスするとリラックス感が出てスマートです。**私が今お会いしている富裕層の方々も、お洋服の趣味嗜好はこうやって変遷してきたのではないかなと思います。

ここまで書いてきた方々はご自分が事業で成功された富裕層のイメージで、生粋の資産家の方は、本当に品よくクラシックな洋服を代々着ていらっしゃいます。それはビジネスマンの方とはまた違う、圧倒的な品や美しさがあります。いずれにせよ、そんな方こそ中身の品格や自信を邪魔せず、多少の付加価値を足してくれるような服を、身についた見極める力ととてもシビアな金銭感覚で選んでいらっしゃいます。

episode 15

ミニマリストのクローゼットには何があればいいのか

手持ちの服を自力で21着にしたミニマリストの女性が弊社に駆け込んできました。聞けば、21着にした直後は達成感があり満足だったものの、着続けているうちにモヤモヤしてきたと。でも何がいけないのかわからないのでチェックしてもらいたいと仰るので、全ての服を見せてもらいました。「あ～なるほど」と私。原因はなんだったと思いますか？

震災やコロナ禍、環境への配慮、住宅環境、ものより経験という価値観の広がりなどで、身の回りのものを削ぎ落とし、多くを持たないという考えの方が増えました。ただ、生まれてこのかたずっとミニマリストとして生きている方は少なく、大抵は、増えてしまったものを削ぎ落とす作業からのスタートだと思います。

この行為は、手っ取り早くスッキリし新しい人生が待っている感じがしますが、自己流でやってしまうと危険な部分もあります。始めるのはこの記事を読んでからにしてくださいね。

先程の方は、華やかな色柄やデザイン性のあるものは着回しが難しいと考えて処分し、無難なアイテムのみを残しての21着。アクセサリーもなし。まるでショールームのクローゼットのサンプルのような普遍的なアイテムばかりになり、誰にでも似合いそうだけど、その人らしいものではないラインナップになっていました。処分した服の写真が残っていたので拝見すると、そこには彼女らしさが。傷んだらバージョンアップさせるとはいえ「この21着を、年齢を重ねながら毎日着続けると思うとどうですか？」と尋ねると、言葉を失ってしまわれました。

前回のコラムでも取り上げましたが、スティーブ・ジョブズは三宅一生さんにオーダーして作ってもらったハイネックを愛用、落合陽一さんは**「ヨウジヤマモト」**を着ている、つまり「一着の威力」がないと、数着で生きていくのはなかなか難しいのです。**威力のある服とは、語りたくなるストーリーがあり、自分にそれが本当に相応しいか、似合っているかを突き詰めた一着ということ。**その方とは話し合いをした結果、4着を残し17着を買い替えることになりました。

ナチュラルメイクでショートヘア、華奢でO脚気味なこの方のために厳選した21着は、盛れるワンピース、首周りが詰まったトップス、ワイドパンツなど。無難なアイテムの集団にするのではなく、似合う色や骨格、性格、環境、生き方を踏まえ彼女らしいと思える21着とその組み合わせを作れないと、結果機能しないのです。

完璧な21着の中には実はスーツも入っていて、こちらはオーダー。毎日の出勤も心躍ります。その後は選択眼もシビアになり、新たにレインコートを購入する際もこれでいいのかと写真が送られてくるほど真剣。ものを大事にする真髄を見た気がしました。

そして年間通して21着に頑張ってもらおうとするならば、丈夫でケアが楽なものがおすすめです。2wayもいいですね。コートの袖が取れてがジレになったりするものも沢山出ているので探し甲斐がありそうです。

そして、**ミニマリストの最強の武器はアクセサリーや小物。ポイントは耳元・ネックレス・指輪・バングル・ストールのうち、どれか二つを同じ色柄で持つこと。**私は色鉛筆12色分くらいそのセットを持っていて、同じ洋服を全く違う雰囲気に見せられます。少ない服で飽きが来ないようにできるかどうかは、小物のラインナップをいかに豊富に持つかにかかっているのです。

episode 16

きっかけさえあれば、男性は即効でおしゃれになる

60代男性、ご新規の方のショッピングに同行しました。リタイア後は、奥様と一緒に旅行に行くのを楽しみにされていたのですが、先立たれてしまい、生き甲斐を持とうと再就職。洋服はずっと奥様が選ばれていたとのことで、代わりにはなれませんが、私が仕事やオフの服をセレクトすることになりました。素敵になったお客様が「嫁さん、喜んだかな」と呟かれたとき、本当に涙が出そうになりました。

男性の場合、ご自身でポリシーを持っておしゃれを楽しんでいらっしゃる方と、全く無頓着な方と、極端に分かれるような気がします。そして、後者の方にカラージャケットやパンツをご試着いただくと「え！　こんな色大丈夫？　悪目立ちしない？」と必ず言われます。自分が目上にも目下にもなる様々なシチュエーションの中で仕事をしてきた方は、

様々な状況に合わせて装いを考えるのは大変で、無難なスーツやジャケパンをセレクトしたほうが得策なのでしょう。

ただ実は、スタイルを作るのは、性格にもよりますが女性より男性のほうが向いていると思います。私はこの方からメンズファッションを勉強したと言っても過言ではない、服飾評論家の落合正勝さんは**「おしゃれとは学習である。スポーツを習うことにも似ている。繰り返しが必要だ。何を着るか毎日考える」**と言っています。日々努力を重ね研鑽するとブラッシュアップできるのが装いなので、スタートのきっかけがあると、男性にとっては面白い作業なのではと思います。

きっかけは色々あります。冒頭の方は、その後その服で行く旅行の計画を立てられたりしてファッションを楽しむようになられましたし、学会で見かけた生き方も装いも格好いい方を目標にしたいと3カ年計画を立て、先に予算を預けられたお医者様もいらっしゃいました。「モテたい」でもいいのかもしれません。何かのついでに買い足しのようにショッピングモールで買っていた服を、専門店で素敵だなと思う販売員さんと話をしながら買ったりしてみると、あっという間にモデルチェンジが図れます。

今、これを読まれている男性（もしくは読まれている方のパートナー）の大半は「別に変える必要はない」と思っているかもしれません。でも、髪の毛や肌が老化していく中で、**清潔感を保ち、一品で素敵に見えるアイテムは即効でおしゃれにしてくれます。**また、カジュアル着は仕事着と全く別と考え、是非一から選び直してください。高価である必要はなく、状況に合う色柄・シルエットなど、今の自分に似合うものを選ぶだけです。

自分では無理、または身内から言われてもなかなか素直に聞けない方は、百貨店などのスタイリングサービスを一度受けてみて、こんなのが似合うと指南してもらうといいかもしれません。すると周りがきっと褒めてくれて、貴方はこの状態を続けたくなるのです。

男性が若々しく似合うものを素敵に着こなしていることは、家庭や夫婦円満、対人関係にもよい影響を与えます。装いを明るく変えたことで人格や社風まで変わって見えて会社に人が集まり採用が楽になったという会社社長もいて、**仕事で戦略を立てるように考えると、びっくりするほどの成果が得られるのが洋服なのです。**皆さんが「いいな」と思っているテレビの中の人達や著名な経営者の多くは衣装で人前に出ています。計算されたメンズの装いの美しさを人生で一度は体感してほしいものです。

episode 17

ショッピングが苦手な人や苦痛な人、その理由とは？

「オンオフ共に親しくしている友人から『皆で集まるので、よかったらラフな格好で来てください』とのお誘いが。真に受けてジャージにすっぴんで出かけたら次から誘われなくなった。ラフな格好って、いったいどんな服が正解だったんでしょう」

あるお客様が話してくださった、過去の失敗談です。

パーソナルスタイリストの仕事をしていると、服を買うのが苦手、選べない、一日回って何も買わずに帰った、と仰る方にたびたびお会いします。このお客様も、もともと人生の中で服を選ぶということの優先度が低く、毎日同じ服でも構わない、その時間があるなら仕事をしたいと思っていたそうです。さらに冒頭のような出来事もあり、彼女にとって服を選ぶということは苦痛でしかなくなってしまいました。とはいえ、人と関わり、仕事をいい方向に進めるためには「印象」が大事。自分も相手をそう見ているから、人のために装うことの重要性は理解していた彼女は、今は大切なシーンで着る服のセレクトを人に頼むことにし、安心してお任せできるスタイリストがいて幸せだと仰います。

「ここではコレを着るよね」というような世間の平均的な感覚をうまく摑めず、出かけた先で「コレじゃなかった」となってしまうことも、洋服を買うのが苦痛になる理由の一つ。先に出てきた彼女は、それを自分で解決しようとすると、流行・組み合わせ・TPO・売っている場所や価格帯のリサーチと、それが似合うかどうかの判断力が必要で、効果測定ができない部分に時間と費用を投下するのは苦行だと言い切っていらっしゃいました。

衣食住の中で「食」と「住」については「自分さえよければいい」を貫ける強いメンタルがあれば何を選んでも問題ありませんが、着る物が少し違うのは、**「人の目が介在するシチュエーションがある」**ということだと思います。

この「人目」は、服を買う際の販売員さんの目線から既に始まっています。「あなたに似合うものがここにあると思っているの？　と言われている気がする」「試着しても『お似合いですよ』が信用できない」という方もいらっしゃいました。確かに「買いそう」「買わなそう」で態度が違う感じがする販売員さんも見かけますが、それも本当に意図してそうしているかどうかはわかりません。人目を気にするあまり、疑心暗鬼になっていてはますます服選びがつらくなってしまいます。

また、私は太っているから、似合う服はないという、決めつけをする方もいらっしゃいました。**私は、似合いにくい単品はあっても、上下や小物の合わせ方によって「似合わせる」ことができない服はないと思っています。偏見を捨て、好きな服をどんどん着てみて、他からのアドバイスを取り入れること、予算を上げてよりよい見え方を探ってみること、買い物するショップを変えたりすることで、どんな体型の方でも自分の好きなスタイルに寄せていくことはできるはずです。**

洋服を買うことが楽しくなくなり笑顔が消え、より服に興味がなくなっていく……。この流れを断ち切りたくて、私達パーソナルスタイリストは、発信し続けます。あらゆる方が正しい判断基準を持てるように、そして、一人でも多くの方にどんなシチュエーションでもサラッと「ありのままで素敵」を演出できるスキルを手に入れていただけるように。

episode 18

自分らしく服を楽しみ、キラキラした70代に！

「年齢を脱ぐ。冒険を着る。」
樹木希林さんが73歳のときに出演された百貨店の広告コピーです。「歳相応に」「いい歳して」なんて声に耳を貸す必要はない、他の誰でもない「私」を楽しむ、というメッセージがまるで希林さん自身の言葉のようで、心を動かされたのを覚えています。
「エイジズム」（年齢による偏見や差別）という言葉がありますが、他の差別より自分に矛先を向けてしまうのがこれ。「もう歳だから」と思うと自信や意欲が下がり、それにより心身共に衰えやすくなりますし、聞いている私達も悲しくなってしまいます。ドレスコードやTPOに合わせたマナーが身についた方は美しいし尊敬します。でも、それと「自分らしい服を着る」のは全く別物です。**70代というのは、こうでなければならないというしがらみも少なくなる世代だからこそ、一番「好き」という感情を爆発させ、服の力を借りてキラキラしていいタイミングだと思います。**「古希」とはいえ、現代では70歳は稀でなくなりました。書店に行けば、少し前までは人生の分岐点となる50代60代向けの書籍が多かったですが、今は70代向けの書籍がズラリ。希林さんの言葉のような、ポジティブで本音を語る本が多いなと思いました。

先日の70代のお客様。暫くぶりに連絡をくださってお会いすると「体調を崩して動けなかったの。でも、復調して食事が美味しくなったら、まだ脚も満足に動かないのに霜鳥さんの顔が浮かんで」と仰り、出かけられるようにと、明るい色の服の購入リクエストをいただきました。前回はピンクのトップスを提案したのですが「購入した翌日えいっと着てみたら最初はビックリされた。その後沢山褒められて、そのうちみんな慣れちゃって何も言ってくれなくなった。受け入れてくれたってことよね」と笑顔に。命は有限という気持ちが根底にあるからこそ、一日一日を楽しみ、後回しにしていない……その姿はキラキラとまぶしかったです。また別の方からは、「推しができたから、ライブに行ける服を選んでほしい」とオファーが。「人生で初めて穿きました！」とワクワクしながらジーンズを試着する笑顔に思わず「可愛い！」と年下ながら言ってしまいました。そのお客様は提案したアイテム一式を購入し、ライブへと向かわれました。**それまで着なかったテイストの服を着ると脳の前頭葉が刺激され、老化防止になる**そうです。

さらに言うと、高度成長期の栄養状態のよさによって体力があり、知識も豊富なのが今の70代で、「ニューセブンティー」と言われ、ロールモデルとなる方が増えています。そして、大小関わらず夢を持って前向きに挑戦し、変化を楽しみ始めた70代に憧れる私のような人も増えているのです。カウンセリングで「憧れの方はいますか？」と伺うと、以前は、近い世代の人や、場合によっては自分より若い人を挙げる方が多かったのが、最近はかなり年上の人を挙げる方が増えました。よく聞くのは、70代を通り越して、80代の木村眞由美さんがお手本という方々。若い世代も、ただ服を着るのではなく、これまでの経験や内面の魅力が溢れ出て、その人にしか出せない雰囲気を持つ人が素敵だと気づき始めています。「もう歳だから」なんて言っていられませんね。

大人のおしゃれは楽しいし、選択の積み重ねの人生の中で、工夫をしチャレンジをすると心身共に若々しくいられます。自分の機嫌もうまくとれるような、幸せ服を着てもらいたいです。

episode 19

「とりあえずの服」を減らし汚クローゼットを脱却

「いや、ムカデじゃないんですから。脚は2本しかないんですよ！（笑）」

ある方のとんでもない量と種類の靴下のストックを見て、私が発した言葉です。

クローゼット整理のご依頼では、お客様の緊張を和らげる一言を放ったりしながら明るくチェックを進めていますが、汚部屋ならぬ汚クローゼット（？）を発生させてしまうのは、ものを持ちすぎている方ばかり。ものが少ないのにクローゼットが汚いというケースは、私が知る限りほぼゼロです。

本来、誰にも見せないクローゼットには、本音や現状への幸・不幸の感情が詰まっています。リモートワーク中だというある女性のクローゼットは、当初は彼女らしい明るい服で溢れていたそうです。しかしコロナ禍に突入し、打ち合わせはオンラインに。仕事をしているテーブルで昼食をとり、ときには食べながら仕事をするという「ながら生活」で体重が増えてしまいました。外に出ないとなると明るい服は出番がなくなり、「スッキリ見えるから」という理由で暗めの色の服を買い足し。でもそれらには愛着が湧かず、在宅で短時間しか着ないからとたまにしか洗濯せず……。結果、好きな服、そうでない服いずれも汚れ、不幸服だらけのクローゼットになってしまいました。

彼女もそうなのですが、このようなクローゼットを持つ方の多くは、不潔にしていても平気な人達では決してなく、「きちんとしたい」という気持ちを強く持ったある意味完璧主義な方で、整理できない自分に腹を立てていたりします。でもどうしていいかわからず時間も取れずで、「とりあえず」のセレクトになる。手元に「こんなに要ります?」というくらい服があるのに、好きな服と、とりあえずの服がクローゼット内で混在しているため、要不要の判断力が鈍り、また買い足し……と悪循環しているのです。

不要な服の代表は「安かったから買ったもの」「高かったから処分できないもの」。安かったから、は色形が合っていても素材が安っぽすぎ、高かったものは、そう言っている時点で「大満足なアイテム」ではないのです。

そして数を減らしてもいい服は、仕事服のブラウスやパンツに多い「好みでないけれど必要な服」。これは緊急時やコーディネートを考えられないときを想定し、シワにならず工夫もあまり要らず安心して着られるものが2パターンくらいあれば対応できるはずです。一軍として買ったつもりの仕事服は気分的には実は二軍で、本来の一軍との認識のねじれが起こっているのです。

そうなると**本当に必要なのは「大満足な服」「最低限の必要な服（重宝でもある）」「オフや趣味の服」「部屋着（できれば別の収納場所に保管）」**。それぞれ着る頻度がわかっていれば、必要な服の枚数もわかります。**大事なのは、「とりあえず」の服を減らすこと。愛されない洋服もかわいそうですし、それを着る人も「とりあえずな人」になってしまいます。**

今の自分に迷いがあると、いつまでも服のタイプや枚数は増えていきます。理想の自分を考えて、それにはどんな服がどれだけ必要かを表にまとめれば、「全方位型の備えをしなきゃ」というストック病はなくなるのだと思いますが、これもまた完璧主義みたいで……。週に一度、手持ちの服の最下位を決めて、よきタイミングで手放すなどして、少しずつ理想に近づけていく大らかさも、クローゼット構築には大事なのかもしれません。

スペシャル企画

65歳からのクローゼット整理術

男女別 定年で《捨てるモノ》
《残すモノ》《買い足すモノ》

若い頃から溜め込んだ服で
パンパンになったクローゼット。
「定年退職」はそんなクローゼットをスッキリ整理
することができる絶好の機会です。
3万人弱のスタイリングを手がけ様々な人の
クローゼットを見てきた私が定年後クローゼット整理を
成功させるポイントをお教えします！

スーツだらけのクローゼットをどう変える？

人がファッションに悩むタイミングは「肩書き」や「属性」が変わったとき。特に、「会社を退職したら何を着て過ごせばいいのか」という男性からのお悩みをよく聞きます。

会社にお勤めしている方は、肩書きに合わせて服を着るのが一般的です。退職前はそれなりに貫禄の出るスーツスタイルが基本で、それさえ着ていれば安心。ファッションについて考える機会がなかった人も多いでしょう。

定年後は「ずっとジャージでいい」とか、「ゴルフをやっているからその服を普段着に転用する」という人もいらっしゃると思いますが、そうすると私服のおしゃれに慣れている奥様と並んだときに釣り合いが取れないんですね。そんなわけで、奥様から「夫の服をどうにかしてくれませんか」という相談のご依頼をいただくことが多いんです。

加えて、男性はそもそもクローゼットやたんすに向き合う習慣のない人も少なくないため、不要な服を溜め込みがち。学生時代のパーカー発掘!! なんてことも。印象深かったのは、社長をされていた方の奥様からの依頼です。退任され、今は会社に行くのは週1回程度なのに、大きなコの字型のウォークインクローゼットの半分以上を、ご主人のスーツが占めていました。奥様が「会社に行く機会が激減したのに、こんなにスーツはいらないだろう」と私に訴えられたので、一着一着必要かどうか見ていくことになりました。

ご主人にとって、スーツはあくまで仕事服。それほど執着はなかったようで「これらをこれから着る機会がありますか？」と訊くと、「着ないですね」と返ってきました。体型や気分に合わなくなっていたスーツも多かったので、2着を残して全て処分することに。この方の場合、服を処分するきっかけがなかっただけ。空いた場所には新たに購入したご主人のカジュアル服が収まり、ご夫婦の服の量が平等なクローゼットになりました。

服を処分する際は「こういう服はもう着たくない」という基準を設けておくことをおすすめします。

年齢を重ねていくと、男女を問わず、ベルトやゴムなどの「締め付け」が不快になる方が多く、締め付ける部分のある服はどんどん出番がなくなってくるので、このタイミングで処分してもいいでしょう。

重いコートや厚手のセーターも、年齢とともに着るのが億劫になるアイテムです。昔の服は、上等なものほど目が詰まっていて重い傾向にありました。しかし今は技術が進化して、糸や生地が軽くても暖かいですし、ヒートテックなどの高機能肌着を併用すれば寒いことはありません。厚手のセーターは、本人が着る機会はもうないと思いますが、若者の間ではリバイバルで流行しています。もし親戚などで若い方がいたら、必要かどうか一度聞いてみてもいいかもしれません。

逆に処分しないで残しておいたほうがいいのは、ベストやカーディガンなど、いわゆる「合着」と呼ばれるものです。職場でスーツのジャケットの下に着ていたり、寒いとき用にロッカーに入れていたりした方もいると思います。ジャケットに隠れて見えないことも多い分、ちょっと派手だったりして、実はそこにご自身の好みが出ていたりします。

これらはそのまま、カジュアルファッションにも転用できます。カジュアルなシャツを着て、ニットベストを着て、パンツを穿けばそれでコーディネートが完成します。男性は特に、季節の変わり目に羽織るものの手持ちが少ないという傾向があります。やや涼しくなってきたけどジャケットほどではないかな、という秋口に羽織れるちょっとしたカーディガンがあれば、ぜひ残しておいてください。

退職後をおしゃれに過ごすために、変えてほしい2大仕事感満載アイテム、一つ目は、カジュアルに使えるおしゃれなベルト。職場でスーツに合わせていたベルトは、ごくごくシンプルなものが多かったはず。それとは違う、ネイビーやグレーのベルトなら、多くの場面で使えますし、一気におしゃれな印象になります。持っていない方は是非買い足してください。

スーツ売り場で探すとシンプルなベルトしかないことが多いので、百貨店のカジュアル寄りのフロアや、カジュアルウェアの専門店に行ってみてください。たとえば、「Mitsumine（ミツミネ）」などには、年配の方でも楽しめそうなものが色々あります。

もう一つはメガネ。仕事時のメガネをそのまま使っている人は、カジュアルに合うものに代えてみるとリラックス感やオフ感を出すことができます。メガネ売り場に足を運び、第三者から薦めてもらってみてください。

そして男性の場合、カジュアルファッションでもよく使われるジャケットは、普段よりも明るい色のものを1着買い足してほしいです。歳を重ねるにつれて肌のハリや色ツヤはどうしても下がってくるので、明るいベージュや明るい色の柄物など、それを補える色がいいと思います。ジャケットは面積が大きいのでレフ板効果もあり、格段に顔映えがよくなり、機嫌もよく見えます。社会人の癖で、どうしてもダークなほうに寄りたくなっても、いつもよりワントーン明るくしてみたり、販売員さんに「顔映えがいいものを」と相談してみるのもいいかもしれません。

ジャケットは、年齢を重ねるにつれて「着方」も変わってきます。先ほども書いた通り「締め付け」が苦手になるタイミングでもありますが、定年後は、ボタンを留めて着ることがほとんどなくなるはず。なので、後ろから見てウエストがシェイプされているものを選んでいただくと、シルエットが美しく洗練度が上がります。

試着時にも注意してほしい点があります。

ボタンを留めても苦しくないようなものを買おうとする方が多いのですが、そうすると全体的にサイズが上がっていってしまうんです。カジュアルジャケットの場合は、ボタンを留めず、ベストなどを使うことを前提にウエストが締まった形のものを買ってもいいのではないかと思います。そうすればお腹周りもカバーできます。

革靴を履く機会も少なくなるかと思います。代わりにどんなものを選べばいいのかというと、革靴のようにも見えるレザースニーカーで、ソールが白のもの。投入すると、足元が軽快に。少し値段は張りますが「ゼニア」のスニーカーなど、よく売れています。

このように、男性が第二の人生をおしゃれに過ごすためには、クローゼットの抜本的な整理が必要です。

女性は何を処分して何を買い足せばいいの?

女性の場合、退職後も着る服がそれほど変わらないことも多いですが、歳を重ねるごとに服を減らし、少ないもので着回したいという気持ちは強くなっていくはずです。

女性が処分すべきなのは、丈が短すぎるスカートやワンピースなどです。試着してみると一目瞭然なので、手間ではありますが実際に着て、鏡で確認してみてください。どんな年齢でも、自分がそれを着て楽しくいられる服なら取っておいてもいいのですが、着てみて「ないな」と思うものは処分していきましょう。

ジャケットも、カジュアルに転用できないものは着る機会が少なくなります。沢山持っている方は減らしたほうがいいかもしれません。

また女性の場合、足さばきの悪い服は、年齢が上がるにつれて着る機会が減っていきます。特に東京都内にお住まいの方に多いのですが、交通手段として電車を選ばなくなり、バスに乗る機会が増えます。そうすると、マキシ丈のロングスカートやワイドパンツなど裾が広がっているボトムスだと、段差での足さばきが難しい。徐々に着なくなると思うので、こだわりがなければ処分してもいいでしょう。

男性と同じく、「締め付け」のある服や重いコートも着なくなっていきますし、女性はそれに加えてバッグの問題も出てきます。歳を重ねた方のショッピングに同行していると「とにかく軽いバッグがいい」とよく仰います。想像以上に重いバッグを持つのがしんどくなるようです。多くの女性が沢山持つバッグ。テイストの違うバッグは処分し、記念などで取っておきたいものは型崩れしないように新聞紙や不織布を入れ、日常的に使うクローゼットからは出して湿気の少ない納戸や押し入れなどで保存しましょう。

逆に、歳を重ねるにつれて活躍するようになるのが、膝下丈のスカートです。若い人が着ると野暮ったく見えがちですが、品よく着こなせます。また、体が全体的に丸くなってくるころでもあると思うので、視覚効果で強制的にぴしっと見せる、直線の入った服もおすすめです。たとえばセンタープリーツの入ったパンツや、パリッとしたシャツなど。襟があれば清潔感をキープでき、首の後ろの肉も隠してくれます。機能的に進化したシャツが増え、合成繊維が入ることによりケアが楽なものもあるので、試してみてください。

ほかに残しておいていただきたいのは、アクセサリーなどの小物類。

少ない服で着回していこうとしたとき、絶対に必要なのがアクセサリーなんです。このニットはこのピアスをつけて着た、あのブローチをつけて着た、というようにパターンを増やして楽しめ、ポイントになります。ロングネックレスがあれば縦のラインができて細く見えますし、顔周りに存在感のあるアクセサリーがあれば、髪や肌のツヤを補ってくれます。お化粧をあまりされていなくても、アクセサリーを上手に使えていれば上半身がパーッと華やかに。ランチなどで座っている姿も素敵に見えます。

手持ちのアクセサリーが少ない人は、是非買い足しを。アーティストが作っている比較的リーズナブルなものもあるので、少し時間をかけて気に入ったものを探していただき、服と一緒にハンガーにかけたり、玄関先に置いたりして、仕舞い込まないようにしてください。

男性と異なり、退職した女性のクローゼット整理は、自分の価値観を総決算できるタイミングでもあります。これまでの人生で、何を身に着けたとき心が躍ったかを考えれば、これから何に重点をおいて服や小物を揃えていけばいいかがわかってきます。全てに予算を割くことは難しいですが、靴だけは好きだからよいものを履くとか、服はプチプラで楽しめるけどバッグは素敵なものを持ちたいとか、素材にだけはこだわりたいなど。そういう自分の価値観を、リタイアされる段階で一度考えてみてもいいのかなと思います。

男女ともに、どうしても処分しにくいのは「高かった服」、「着ないけど思い入れのある服」。しかし、これから着ることのない昔の服がクローゼットに沢山眠っているのは、あまりいい状態ではありません。クローゼットは日々、稼働するもの。中に入っているのは、今の自分が着て心地よい、目にも幸せでテンションが上がる服だけにするべきです。たとえば「この服、昔は好きでよく着たけれど、今はここのお肉が気になって……」という服は、今後、まず着ることはありません。

高価で上質な服であっても、着るシチュエーションを想像できないもの、お直ししても着たいと思えないものはクローゼットからなくしていきましょう。そのうえで、思い入れが拭えない第一位の服、娘さんやお孫さんにも継いでいきたいような服は、保管ボックスを作って写真と一緒に別の場所にしまっておくのもいいと思います。

定年後は、日常を楽しめる、快適で思わず微笑んでしまうような自分らしい着たい服だけがすっきり入ったクローゼットにして、新しい気持ちで第二の人生に向かいましょう。

最後までお読みくださり、ありがとうございました。この本が、自分軸でおしゃれを楽しみつつ、それが自信となり、周りにも思いやりを持てる生き方を目指す方、または既に実践されている素晴らしい方々のお手元に届き、少しでもお役に立ちましたら幸いです。

そして今後も私は「パーソナルスタイリスト」ならではの様々な方の無茶ぶり案件を、楽しみながら全力で解決し、「迷走中です！」と仰る方々の駆け込み寺を続けていくと思います。そのおかげか、ＣＡ時代より世界が広がっているような気がします。

そんな私の仕事に興味を持ち、コラム連載のお話をくださった加藤彩子さん、次の連載担当者で同郷の本川明日香さん、書籍編集でご尽力くださった臼井良子さん、リクエストにご対応くださったイラストレーターの坂田優子さんには感謝しかありません。そして、毎週インスタライブで連載を応援してくださったファンの皆様もありがとうございました。

65歳からのクローゼット整理リスト

男性	捨てる	重いコート、厚手のセーター 体型に合わないスーツ 締め付けのある服 革靴、白いワイシャツ （冠婚葬祭用のものは残す）
	残す	ベスト、カーディガン ハイネックニット レザースニーカー
	買い足す	カジュアルに使えるベルト メガネ ソックス 明るい色のジャケット

女性	捨てる	重いコート、バッグ 丈が短いスカート、ワンピース 裾の広い10分丈ワイドパンツ、 ロングスカートなど足さばきが 悪いボトムス（苦手な方は） 靴（痛いもの）
	残す	襟付きのシャツ 膝下丈のスカート センタープリーツの入ったパンツ アクセサリー ストール（男性も兼用可）
	買い足す	存在感のあるアクセサリー おしゃれな靴下 （ストッキングを穿かなくなる人も多いため） 一枚で華やかな羽織り

霜鳥まき子（しもとり　まきこ）

パーソナルスタイリスト。株式会社SPSO代表。日本航空国際線の客室乗務員として10年間勤務。その間に海外でパーソナルショッパーの仕事に出会い、スタイリストに転向。パーソナルスタイリストとしてコーディネートだけにとどまらず、お客様の自宅のクローゼットチェックからショッピングや美容院同行まで、人生に寄り添うトータルプロデュースを行っている。バンタンデザイン研究所での後進の指導や、洋服のデザインも行う。品格があり個を大事にする大人の女性のスタイリングに定評があり、テレビや雑誌などでも活躍。著書に『洋服で得する人、損する人』（大和書房）、『世直しスタイリスト・霜鳥まき子の 得する黒 損する黒』（小学館）、『大人の服選びの教科書』（サンマーク出版）などがある。
SPSOホームページ　www.spso.jp

初出：「週刊文春」2022年2月10日号〜2023年9月28日号（加筆、
修正、再構成しました）

似《に》合《あ》う服《ふく》だけ着《き》ていたい　幸《しあわ》せを呼《よ》ぶ「名刺服《めいしふく》」の見《み》つけ方《かた》

2024年2月25日 第1刷発行

著　者　霜鳥《しもとり》まき子《こ》
発行者　小田慶郎
発行所　株式会社 文藝春秋
〒102-8008　東京都千代田区紀尾井町3-23
電話 03-3265-1211
印刷・製本　光邦

ISBN 978-4-16-391811-2　　Printed in Japan